U0463965

社区教育的反思向度

邹恒 ◎ 著

四川大学出版社
SICHUAN UNIVERSITY PRESS

图书在版编目（CIP）数据

社区教育的反思向度 / 邹恒著. -- 成都 ：四川大
学出版社，2024. 10. -- ISBN 978-7-5690-7377-5

Ⅰ．G779.2

中国国家版本馆 CIP 数据核字第 2024DOM824 号

书　　名：社区教育的反思向度
　　　　　Shequ Jiaoyu de Fansi Xiangdu
著　　者：邹　恒

选题策划：陈　纯　梁　胜
责任编辑：梁　胜
责任校对：王　静
装帧设计：墨创文化
责任印制：李金兰

出版发行：四川大学出版社有限责任公司
　　　　　地址：成都市一环路南一段 24 号（610065）
　　　　　电话：（028）85408311（发行部）、85400276（总编室）
　　　　　电子邮箱：scupress@vip.163.com
　　　　　网址：https://press.scu.edu.cn
印前制作：四川胜翔数码印务设计有限公司
印刷装订：成都市火炬印务有限公司

成品尺寸：170 mm×240 mm
印　　张：8.5
字　　数：160 千字

版　　次：2024 年 11 月 第 1 版
印　　次：2024 年 11 月 第 1 次印刷
定　　价：48.00 元

扫码获取数字资源

四川大学出版社
微信公众号

序　言

自终身教育思潮传入我国以来，作为其重要社会实践载体的社区教育事业快速恢复和发展。在较短的时期内，社区教育体系已经由单向主动地向社会争取认同的一种探索，转变成了教育促进社会治理和营造学习文化的重要途径。当前，不仅教育研究者和管理者关心社区教育事业发展，在城乡居民中，社区教育正以其灵活性、多元性、包容性受到广泛的欢迎。许多难以成为学校教育课程的学习内容纳入进来，许多传统意义上不属于教育体系服务对象的居民参与其中，二者结合还创造了许多佳话。目前，在各大城市由市民自发兴起的新型"成人夜校"服务形态正是社区教育不竭生命力的集中体现。

已有的积淀使"社区教育"不再是一个空泛的理念，而是一系列理论与实践结合而成的知识范畴。但是，这样一些知识尚没有被体系化，尚未形成"社区教育"自身特有的理论范式。教育是对"人"的工作，也是属"人"的学问，自人类有教育行为之始，教育的理论和实践就与哲学思辨及各类社会思想分不开。而仅从其他体系的概念原理中"借词"描述社区教育的现实，将缺乏"社区教育"本位的概念阐述，无疑将会对日臻完善的社区教育实践活动带来不利影响。例如，社区教育就是终身教育思潮在现实世界中的映射吗？市民接受社区教育究竟是一种社会福利还是受教育的权利？社区教育的"课程"究竟是泛指的所有社区教育教育活动，还是已经开设学习内容的某种规范化"清单"，或是教师具体实施的教学演绎？我国这些年的社区教育实践中，现实存在的情况由于缺乏本位化的系统论述，一方面实践工作者不得不套用一些不甚明朗的概念范畴来描述、思考和规划社区教育的发展，另一方面这些旨趣各异的理念又会使实践工作者对社区教育的本质和深度发展产生疑虑。

这一发展状况用苏格拉底的名言描述可谓一语中心："未经反思的人生是不值得过的。"反思的方式是社区教育实践工作者服务社区教育实践性研究的一种路径。由于社区教育辐射多个实践领域，从宏观到微观，涉及社会的方方面面，在短时间内难以形成准确而体系化的"社区教育学科基本理论"来说明

社区教育"是什么"的应然图景；但是避免简单借用其他领域的概念，而是通过借助相对成熟的理论，站在社区教育实践的角度来反思社区教育"可能是什么""不是什么"是可资借鉴的一种思维。

这一想法也是笔者撰写本书的初衷和思路。本书无意也无力构建一套体系化的社区教育理论，反之是将社区教育实践活动的指导思想、社会价值、治理环境、课程教学、师生互动等现状通过多学科的理论进行适当的观察，进而反向思考社区教育实践工作中"日用而不自知"的概念范畴，梳理其现实发展路径。因此，本书在取向上是以社区教育为本位，综合其他学科理论反思实践活动的折衷路径，这也是笔者认为本研究相较于单纯的理论分析阐述或实践案例展示更具有价值的部分。当然，由于笔者从事基层社区教育工作的视野局限，加之自身才薄智浅，在本书写作之中难免有许多错漏之处，在此，敬请各位专家和同仁批评指正！

邹　恒

2024 年 3 月

目　录

第一章　超越与现实：终身教育与社区教育 ……………………… 1

　　第一节　终身教育思想的产生与发展 …………………………… 2

　　第二节　终身教育与社区教育的旨趣分野 ……………………… 5

　　第三节　终身教育思想指导社区教育的局限 …………………… 9

第二章　权利与义务：社区教育与受教育权 ……………………… 16

　　第一节　受教育权的有关解说 …………………………………… 17

　　第二节　受教育权的范式转换 …………………………………… 21

　　第三节　社区教育受教育权的认识逻辑 ………………………… 24

第三章　位置与行动：社区教育的治理结构 ……………………… 30

　　第一节　治理结构与社区教育支持服务体系 …………………… 31

　　第二节　各级公立社区教育机构的治理结构 …………………… 36

　　第三节　社区教育机构治理结构的困境与启发 ………………… 40

第四章　应然与实然：社区教育的课程维度 ……………………… 45

　　第一节　社区教育课程的各种观念 ……………………………… 46

　　第二节　社区教育课程的观念和目的 …………………………… 54

　　第三节　建构主义学习与课程观念 ……………………………… 64

　　第四节　社区教育课程的授受现场 ……………………………… 77

　　第五节　社区教育课程的管理启示 ……………………………… 91

第五章　个体与全局：社区教育的教师与学习者 ………………… 99

　　第一节　社区教育教师的角色期待与困境 ……………………… 100

　　第二节　社区教育学习者的多重角色 …………………………… 113

参考文献 ………………………………………………………………… 124

后　记 …………………………………………………………………… 126

第一章　超越与现实：终身教育与社区教育

现代终身教育思潮形成于 20 世纪 60 年代，此后很快成为了当时教育改革浪潮的思想基础之一。正如瑞士教育家查尔斯·赫梅尔（Charles Hummel）所评价的那样：终身教育思潮是 20 世纪人类认识教育的本质，探索教育新方式、新模式的理论创举，是一种堪与哥白尼式革命相媲美的"教育史上最引人注目的事件"[①]。在其后的教育发展历程中，"终身教育"不断被提及，并成为联合国教科文组织一系列国际教育文件的基础支撑，为发达国家或是发展中国家调整教育结构、指导教育实践提供行动参考。

终身教育指向了宏大的教育体系，而在各种教育体系之中，与终身教育思想耦合最紧密的则是成人教育。这既与现代终身教育思想脱胎于西方发达国家成人教育实践活动的历史渊源息息相关，也与各国政府的教育管理的模式密不可分。[②] 在我国当前的教育语境中，终身教育同样几乎成了以社区教育为代表的现代成人教育的某种同义语。两者之间的密切关系表现为在某些教育实践活动中甚至不做有意的区分。例如，我国不少省市的教育行政部门内成立了名称包含"终身教育"的内设机构，而本机构的职能主要则是管理协调行政区域内的社区教育等工作。在各地地方性条例和政府规章之中，无论是"社区教育促进条例"还是"终身教育促进条例"，其规范的主体主要是社区教育工作。而各级政府和教育部门，各类社区教育机构甚至学习者也普遍认为开设在社区的教育活动就是终身学习的主要体现。除了常态化的社区课程之外，一大批有影响力的社区教育活动成了地方终身教育领域的代表。

在终身教育与社区教育兴起之时，两者之间并不总是和谐统一。这突出表现在，社区教育的探索实践活动往往难以支撑终身教育理念的宏大叙事。比如

---

① 查尔斯. 赫梅尔：《今日的教育为了明日的世界：为国际教育局写的研究报告》，王静，赵穗生译，中国对外翻译出版公司，1983 年版，第 15 页。

② 陆有铨：《躁动的百年：二十世纪的教育历程》，山东教育出版社，1997 年版，第 558~559 页。

课程的服务对象、活动的指向范畴、教师的能力素质等都只能满足于特定群体。这让提供公共预算的政府、开展教育管理的行政部门和从事教育服务的教师群体都感到困惑：从参与当前社区教育不同课程和活动服务的不同人群很难说明当地全民终身学习的积极作用。一些个案性的创新突破从逻辑上难以和地方整体性的"全民""终身"等形容画上等号。

这其中当然受当前经济社会发展的现实约束，但是，只要经济发展达到了一定的条件情况，这种情况就会完全改善吗？结果并不尽然，当前社区教育中的某些现象就已经否定了这一解答。例如，学习底蕴不足、基础条件不佳的市民往往不如综合条件更优的市民有主动参与社区教育的热情；社区教育的新增课程"文娱型"的占比大于"学理型"；这些与终身教育理念相背离的现象在现实中不易解释，进而将问题引向人的主观认识方面。关心社区教育事业的人们不禁发问：终身教育与社区教育所指向的路径总是一致的吗？

第一节　终身教育思想的产生与发展

要回应终身教育与社区教育的共相与殊异，追溯终身教育理念的大致发展路径便成了一个绕不开的话题。为什么这里说终身教育是一种理念而不是理论教条呢，终身教育领域的权威文献《学会生存》就如此解说：终身教育并不是一个教育体系，而是建立一个体系的全面组织所依据的原则，而这个原则又是贯穿在这个体系的每一个部分的发展过程之中。[①] 由此可见，终身教育是一套观念原则而不是一种独立的教育形态。这种观念从直观上理解，就是要求教育纵向上贯穿人从幼年直至老年的全生命周期；横向上联通学校、社区直至整个社会的所有场域和现代人的所有生活。

一、古代终身教育思想的意蕴

现代终身教育作为一个独立概念和一套思想原则是在 20 世纪 60 年代确立的，但是它并非无源之水，而是根植于人类教育发展的历史根基。从还原历史

---

① 联合国教科文组织国际教育发展委员会：《学会生存——教育世界的今天和明天》，华东师范大学比较教育研究所译，教育科学出版社，1996 年版，第 223 页。

的角度讲，自教育产生以来，观念意义上的终身教育就已经存在。人类最早的教育活动产生于传递生产劳动和生活经验的需要，彼时的教育尚不存在专门的制度，也没有年龄的限制。所有人在任何场所、通过任何便利条件都可以开展教育活动。因此，可以说教育产生伊始，终身性就伴随其中。从时间上来看，任何人都可以活到老学到老；从空间上来看，劳动、祭祀、生活等都是重要的教育载体。这样的一种状态与当代终身教育的追求不谋而合——这并不是一种历史巧合，而是回归了人们对于教育最朴素的认识。在历史上，无论中外都不乏对朴素的终身教育进行大力倡导的典型案例。

在我国，儒家思想的代表人物孔子就曾以自己为例对终身教育的境界进行了一番阐释："吾十有五而致于学，三十而立，四十不惑，五十而知天命，六十而耳顺，七十而从心所欲不逾矩。"[①] 在西方，卓越的思想家柏拉图对终身教育提出了系统论述。他认为，在"理想国"之中，根据人的身心发展和社会需要，教育应分为前后连贯的终身事业：3~7 岁为幼儿教育；7~17 岁为初等教育；18~20 岁为军事训练教育；20~30 岁为哲学教育；35 岁以后为公共事务与战争教育。[②] 显然，在柏拉图的认识之下，教育的终身性不仅对个体有重要意义，对于城邦的繁荣也起到了根本性的作用。虽然到了近代，朴素的终身教育被教育制度化所掩盖，但这样一些思想对于启发人们超越学校教育的视野局限提供了启示。

二、现代终身教育思想的形成

近代西方发达国家推行的成人教育实践活动是现代终身教育思想的温床。1728 年，本杰明·富兰克林（Benjamin Frankin）创办了美国第一家成人教育机构——费城"讲读社"（Junto）；1730 年他又创办了美国第一家图书馆，其后该图书馆成为美国成人社会教育的重要机构；1732 年，他又印发了《穷理查历书》，以箴言形式对普通民众开展社会教育。此外，法国 1882 年颁布的"费里教育法案"要求公立学校设置成人教育课程，使得法国成人教育走在欧洲各国前列。而在英国，由于产业革命的迅猛发展，成人夜校、技工讲习会、工人学校和大学推广教育等成人教育形态迅猛发展。[③]

---

① 引自《论语·为政》。
② 魏茂恒：《柏拉图教育观初探》，《学海》，2000 年第 6 期，第 3 页。
③ 吴式颖，任钟印，朱旭东等：《外国教育思想通史》，湖南教育出版社，2002 年版，第 406 页。

在实践活动的基础上，英国成人教育学家 A．B．耶克斯利（A．B．Yeaxlee）是最早明确提出"终身教育"概念的学者。他在 1919 年的英国政府成人教育报告中将成人教育视为"永久的国民需要"和"应当是普遍和终身的"，并且于 1926 年出版了阐述其思想的专题著作《终身教育》——有史可考的第一部以"终身教育"为标题的专著。他在这本著作中提出：教育是一个人的终身事业，一个人只有持续地接受教育援助，才能使自己的智力、精神、信仰得到发展与完善。① A．B．耶克斯利的这一思想已与现代终身教育思想十分接近，在其之后，终身教育思想得到了进一步的发展，这在 20 世纪教育领域的进步主义和永恒主义运动中得到了充分的展现。

进步主义教育思潮是进步主义运动在教育领域的投射，它强调"教育的生涯意义和功利意义，并注重经验学习、科学研究、公众参与和寻求社会生活的答案。进步主义教育具体表现为发展各种类型的新型教育，这些教育都与传统的学校教育差异显著，而与成人的特征和需要密切相关。教育从基础知识领域扩大到受社会关注的各种领域，如生涯教育、女性教育、市民教育、公共事务、卫生教育，从而满足了工业化时代、解放时代、移民时代和城市化时代的需要"②。在进步主义的视野里，终身教育就是成人教育应该指向的理想。进步主义教育以杜威的实用主义哲学为思想基础，这位实用主义家族的大家长对终身教育赞许有加，他所主张的"教育即生长""教育即经验的连续不断的改造""教育即生活"等与终身教育指向的目标十分契合。③ 此外，杜威实用主义思想反对传统形而上学的方法论，认为经验是一个整体，是人们主动推论并概念化的一个世界的融贯论哲学思想对于终身教育思想的进一步发展影响很大。④

美国著名成人教育专家 E．林德曼（E．Lindeman）对终身教育思想做了相对完整系统的论述，他在其代表作《成人教育的意义》中的核心观点是：教育是一个终身的过程。教育应该摒弃那种局限于青少年时代居于特定场所、特定活动的僵化陈腐观念。并且他认为终身教育应当在社会民主和团体活动中发挥中坚作用⑤。在这位终身教育思想正式诞生前的教育学家的论述中，可以清晰地看到杜威实用主义思想的影响。

---

① 吴式颖，任钟印，朱旭东等：《外国教育思想通史》，湖南教育出版社，2002 年版，第 407—408 页。

② 伊里亚斯，梅里安：《成人教育的哲学基础》，高志敏译，职工教育出版社，1990 年版，第 67 页。

③ 杜威：《民主主义与教育》，王承续等译，人民教育出版社，1990 年版，第 55 页。

④ A．C．格雷林：《企鹅哲学史》，赵英男，张瀚天译，上海文艺出版社，2022 年版，第 343 页。

⑤ E．C．Lindeman，The Meanings of Adult Education，New York，New Republic，1926，p.6.

1965 年，现代终身教育理论的奠基者保罗·朗格朗（Paul Lengrand）在巴黎召开的第三届国际成人教育促进会上发表了题为"Education Permanente"主旨演讲并引起轰动。他提出，教育应当伴随着人的一生而行，满足个人和社会的永恒要求。这样，终身教育作为一个专有词汇被确定下来。1970 年，朗格朗的《终身教育引论》又进一步完善了他关于终身教育的论述。

在这一时期，终身教育成为联合国教科文组织的主要工作，各种文件政策和思想著作纷至沓来，涌现了《学习化社会》《终身教育——21 世纪的教育改革》等系列有分量的成果。其中以《学会生存——教育世界的今天和明天》的发表最具影响力，由于这份文件是以联合国教科文组织的名义发表而更具国际权威性。这篇报告提出："唯有全面的终身教育才能够培养完善的人。我们再也不能刻苦地一劳永逸地获取知识了，我们需要终身学习去建立一个不断演进的知识体系——'学会生存'。"[①] "简而言之，只有采纳了终身教育思想，教育才能变成有效的、公正的、人道的事业。"[②] 综合而论，该篇文献成了当时教育工作者理解终身教育的主要权威参照，此后，世界各国推行终身教育工作大多以此为指导参照。

在《学会生存》出版之后，联合国教科文组织发行的《教育——财富蕴藏其中》《从现在到 2000 年教育发展内容发展的全球展望》等重要文献使终身教育理论日益繁荣，各国的探索实践也让汇聚在终身教育大旗下的灵活公共教育发展蔚为大观。

第二节　终身教育与社区教育的旨趣分野

一、终身教育与社区教育的旨趣"共相"

社区教育是当代成人教育中最具活力的板块，是当前成人教育在社会面的典型代表，但有人不恰当地将成人教育与终身教育画上等号，在现实生活中社

---

① 联合国教科文组织国际教育发展委员会：《学会生存——教育世界的今天和明天》，华东师范大学比较教育研究所译，教育科学出版社，1996 年版，第 2 页。

② 联合国教科文组织国际教育发展委员会：《学会生存——教育世界的今天和明天》，华东师范大学比较教育研究所译，教育科学出版社，1996 年版，第 179 页。

区教育也往往在某种程度上被认为是狭义的"终身教育"，这样的认识在教育实践活动甚至是部分教育理论探讨中并不鲜见。而无可否认的是，终身教育与以当代社区教育为代表的成人教育存在逻辑关联。

如前文所述，成人教育范畴对终身教育范畴具有逻辑上的先在性。从历史发展的事实来看，终身教育的朴素思想虽然古已有之，但其在现代的发展主要脱胎于近现代西方国家的成人教育实践。特别是西方国家为推动近现代民族国家和工业社会发展而推行的公民教育、社会教育等非学校、非正规教育探索，成为孵化当代终身教育思想的产床。因此，终身教育思想根植于人们对当代成人教育的实践认识和理想期许。而社区教育作为一种活跃的成人教育或非正规教育形式，始终是终身教育思想最活跃的领域，因而也就难免被人们视为终身教育体系的主体。

同时，从现实的逻辑来看，成人教育尤其是社区教育是终身教育关注的中心。传统的学校教育范畴则将社会学意义上的成人放在视野的边缘。即使是年龄已经达到成年人标准的大专院校在校生，在学校教育的范畴也普遍将这类学生归入"全日制学生"这一概念而非"成人"进行研究和管理。于是，出现了在教育学传统中被研究得最为透彻的对象，在教育行政管理力量最为体系化的领域并不是在社会的人口结构占主要比例的成年人。由此而论，终身教育的理念在成人教育特别是社区教育领域恰好能够有效地嵌入具有双重必然性。一方面，这一领域是传统教育管理和教育研究的"留白"区域；另一方面，基于成人的人口比例及成人参与社会生活的丰富程度，失去了成人教育阵地支撑的终身教育，就不能算是一种普遍性的教育思想。在实践中，数量广泛的社区教育对象正是终身教育的对象，社区教育活动的成效价值成为展现终身教育作为有别于学校教育的载体平台，而终身教育思想也主要由各级各类成人教育部门，特别是社区教育机构向社会传播。

二、终身教育与社区教育的旨趣差异

无论在思想表达和现实运行中，终身教育与成人教育都有着非常紧密的联系。但是，在教育思想范畴中，终身教育绝不等同于成人教育，更与社区教育有着重大区别。从发生学上看，终身教育是成人教育在理论上的一种抽象发展，而社区教育是成人教育、非正规教育的一种实践方式。就终身教育与成人教育的差异而论，现代终身教育思想的奠基人保罗·朗格朗曾这样明确论述："我们绝不会把终身教育和成人教育混为一谈，遗憾的是，一般人经常是这样认为的。"①

以成人教育这一范畴为参照，终身教育和社区教育表现出以下几个方面的不同。

首先，终身教育与社区教育范畴的内涵不同。终身教育泛指伴随着个体生命始终的各类教育活动，它不仅包括以社区教育为代表的成人教育形态，还涵盖其他社会组织开展的教育，如学校教育、家庭教育等。正因如此，终身教育不是一个独立教育实体或者专门的教育类别。与之相对应的，社区教育是一种具体的教育形态，是通过社区场域为广大市民获取知识、技能和情感伦理体验的教育实践活动，是各种在社区中实存的教育活动的总称。

其次，两者的外延也不相同。社区教育范畴是终身教育范畴的组成部分，终身教育的体系包括以社区教育为典型代表的成人教育。终身教育对社区教育的社会价值和现代意义进行深化，但社区教育仅是终身教育的必要不充分条件。终身教育指向教育对象、教育形态、教育场域覆盖面广于社区教育，不能因为社区教育在建构终身教育体系中的独特地位，就与终身教育做等同的片面理解。

最后，终身教育和社区教育在现实关注上也存在显著区别。现代终身教育思想主要包括这样一些方面：建构以终身学习为旨趣的学习型社会；形成一个覆盖学校教育、家庭教育、社会教育体系化的现代教育制度；成人教育、社会教育居于现代终身教育制度的核心位置；以服务人的终身学习为导向，改革整个教育体系的课程建制和教学方法；贯彻自主的终身学习作为整个体系的保障。② 综上而论，从成人教育实践中发展抽象而来的现代终身教育范畴关注的重点是一些泛在性的理论和总体性的原则，并且带有相当成分的理想主义色彩。

而社区教育这一范畴则极具实践价值。在西方国家，社区教育最初是作为应对工业变革和社会运动而产生的社会教育模式，它和行业协会的技能培训、国民素质与价值传递等密切相关。换言之，西方现代社区教育的兴盛不仅从场域上依托社区，更是在实践导向上紧扣当时的社会关切。在我国，具有现代社区教育先声性质的平民教育运动，就其基本观念而言也是力图实现具体的四大教育目标，即"文艺教育攻愚，培养知识力；以生计教育攻穷，培养生产力；

---

① 保罗·朗格朗：《终身教育导论》，滕星等译，华夏出版社，1988年版，第16页。
② 唐爱民：《当代西方教育思潮》，山东人民出版社，2010年版，第230～233页。

以卫生教育攻弱，培养强健力；以公民教育攻私，培养团结力"①。而 20 世纪 80 年代开始兴起的社区教育，在发轫之初不仅有着服务"单位型社会"向"社区型社会"的功能导向，还有着教育系统初步完成了城乡地区扫盲的阶段性任务后"自发转型"的现实考虑。而当前的社区教育更是聚焦本区域的特色，通过开设各种类别的课程满足区域市民多元灵活学习的需求。由此而论，社区教育不但是一种具体的教育形态，而且往往有着强烈的现实性，更加聚焦微观意义上的教育教学组织。

三、终身教育思想指导现实的功过

现代终身教育思想始于蓬勃的成人教育实践活动，形成之后又反过来为成人教育甚至社会教育的理想形态提供了具体指导。由于国际教育组织对终身教育思想的推广做出了一系列积极的组织工作，使得这一思想迅速地超越象牙塔，对各国的教育实践带来了实际的影响。

无可讳言，终身教育思想具有划时代的理论意义与现实价值。它突破了"学校"对于教育的垄断，赋予了其他形态的教育积极意义。终身教育思想使教育在时间上超越了"教育仅属于青少年"的狭隘格局，在空间上使教育与人的所有的生活场景融合起来，这就让某部分人在人生一个阶段，到教室连续性接受教育的传统理念被打破，正规教育与非正规教育的界限不断被消解。在制度化教育成为教育代名词的背景下，终身教育思想对于人们再认识教育的本质、功能和价值无疑具有独特的意蕴。许多国家在 20 世纪的教育改革中广泛吸纳了终身教育思想元素，推出了相关政策。无论在具体的落实过程中有多大的困难，终身教育思想所倡导的"教育成为人们生活和存在的方式"总是给予人们希望和启发。②

而终身教育的魅力，在某种程度上也正是其指导现实力所不及之处。首先，终身教育思想的涵盖面过于宽泛，试图囊括指导所有类型的教育。而面对各种场域、各种年龄段、各种特定人群的教育活动，如何构建现实世界中的终身教育体系，终身教育思想并不能提出体系化的具体建议。其次，终身教育思想的理想主义色彩较为浓厚，在这一思想体系中有不少基础命题的逻辑起点属于"玄设"状态，诚如有学者指出的那样，"终身教育实际上在过去是，在如

---

① 周予同：《中国现代教育史》，福建教育出版社，2007 年版，45～46 页。
② 陆有铨：《躁动的百年——20 世纪的教育历程》，山东教育出版社，1997 年版，第 664 页。

今也是一种乌托邦式的理想"①。在教育理论上，终身教育思想在成人教育的范畴下尚具新意，但并没有与大众教育、普及教育等学理性名词做好界定与区分；在实践上，终身教育显然更加符合那些政治、经济、文化更加发达的国家和地区。最后，为成人教育研究者们推崇备至的终身教育思想在强调"终身性""全局性"之时，继续教育和以社区教育为代表的成人教育有抬高其社会功能和价值之倾向，而对学校教育的价值则估计不足，甚至部分终身教育理念者对学校教育持有较为激进的批判态度。因此，相较于各类非正规教育，对于国家投入教育资源最多的、人们当前最为关注的学校教育而论，终身教育对其触动较小。有学者中肯地评价道："在终身教育方面的确搞过许多活动，也出现了和终身教育相一致的计划和经验，但是，在很多情况下，人们对终身教育的兴趣往往只是停留在口头上说说而已。"②

综上所述，终身教育思想对教育实践有指引有启发，同时也带来困局。而基于上述讨论，一个更为现实的问题便被引申出来：终身教育思想对于如何发挥教育的影响力暂且不谈，作为产出现代终身教育思想的成人教育、社区教育，就能完全服从于终身教育的指导吗？这恐怕不能武断地做出判断，而是需要进一步探讨终身教育与社区教育各自旨趣背后的逻辑。

第三节　终身教育思想指导社区教育的局限

从前述对终身教育思想探本溯源中不难发现，终身教育思想与现实教育实践之间始终存在着某种持续的张力。而终身教育与社区教育之间的深层次差异也正是基于这种微妙关系。站在社区教育实践的观点上，笔者认为，产生这种理论指导与教育实践脱节的原因主要可以归纳为两个方面：一是终身教育思想内部存在的"异质"性。二是终身教育与社区教育关注对象潜在的人格化差异。

①　单中惠：《西方教育思想史》，教育科学出版社，2007 年版，第 667 页。
②　陆有铨：《躁动的百年：20 世纪的教育历程》北京大学出版社，2012 年版，第 670 页。

一、终身教育思想中的理想主义局限

毋庸赘述,在古代朴素的人格形成论之外,现代终身教育思想是西方国家成人教育实践的总结提升。其产生的历史背景大致包括:政治上20世纪中叶以来西方社会政治上的民主运动持续高涨,经济上由科技革命所带来的产业结构和职业结构的显著变化,加之大众传媒的迅速崛起,使得人们对世界的认识急速转型。而这样的转型促使人们对传统生活模式和人生价值作再思考,这样的思考结果促使着教育观念发生转型。如何应对快速转型变革的持续挑战受到了人们的重视;利用更多的闲暇时间丰富生活提升自身价值感也普遍受到人们的期待。终身教育思想就成了统合这一系列愿望和追求的最佳载体。[①] 由此而论,现代终身教育思想的产生本身就具有相当的理想主义和浪漫色彩。

抛开这一思想产生的背景,仅从终身教育普遍指称的范畴来看,其在哲学意蕴上的超越色彩也十分浓厚。作为一个动态概念,一些代表性的定义充分体现了终身教育形而上学的价值取向。比如朗格朗认为,终身教育包含了教育的各个方面、各种范围,包括从生命运动的一开始到最后结束这段时间的不断发展,也包括了在教育发展过程中的各个点与连续的各个阶段之间的紧密而有机的内在联系。[②] 国际教育发展委员会在《学会生存——教育世界的今天和明天》中则认为,终身教育包括教育的一切方面,包括教育中的每一件事情。教育作为整体应大于各部分的总和,但是终身教育并不是一个教育体系,而是建立一个体系的全面组织所依据的原则,而这个原则又是贯穿在这个体系的每个部分的发展过程之中的。[③] 而《实践终身教育论》则提出:终身教育应该是学校教育和学校毕业以后的教育及训练的统合;它不仅是正规教育和非正规教育之间关系的发展,而且也是个人通过社区生活实现其最大限度的文化及教育方面的目的而构成的以教育政策为中心的要素。[④]

这些内涵界定表现了终身教育关涉宏大叙事的理论旨趣。"整体""全过程""原则""统合"等词语构建了一个高度抽象的具有超验色彩的理论框架。

① 巨瑛梅:《终身教育的理论与实践:渊源、变革及现状》,北京师范大学博士学位论文,1999年,第 页。
② 吴遵民:《现代国际终身教育论(新版)》,中国人民大学出版社,2007年,第20~21页。
③ 联合国教科文组织国际教育发展委员会编著:《学会生存——教育世界的今天和明天》,华东师范大学比较教育研究所译,教育科学出版社,1996年,第223页。
④ 吴遵民:《实践终身教育论》,上海教育出版社,2008年,第9页。

什么是教育的整体，什么是终身的原则，这样一些问题显然是无法继续使用日常语言简单说明的哲学问题。教育全过程的范畴，统合的具体机理指称的是何种内容显然也不是终身教育关注的重点。使用高度抽象的范畴观念进行描述已经使得终身教育在理论上能够达成某种程度的融贯。与成人教育活动相比，终身教育似乎剔除了客观世界中各种具象的现实要素，转而通过系列具有超越性质的概念范畴指向一种理论意义上的非传统的教育活动。而这样一种教育到底在现实中具体是什么，细节上如何去把握，结果上如何去实现，终身教育对此则语焉不详，它只是提出教育的某种"应然"状态，这充分说明了终身教育思想中潜藏的浪漫主义因素。作为人们对教育的内容和形式、教育与社会理想的关系、教育的功能和本质的诉求与期许，终身教育思想应该做到，也确实完成了各式各样的宏观的教育图景勾画，并且对成人教育乃至教育整体的现状展开批评。但是要从终身教育思想中追问这套理念在现实教育中何以有存在的可能性，似乎又成为一个难以得到答案的问题。

如果认为追问某一套形而上学的理念在现实世界中的映射在情理上显得有一些"过分"，那么对终身教育思想的追问显然不在此列。终身教育思想虽然具有强烈的形而上气息，但是并不妨碍其拥有对"现实世界"评判的强烈兴趣。终身教育思想从酝酿到发展日隆，都离不开对教育现实领域的强烈关注。正如前述，终身教育思想成为颇具影响力的教育思潮，这一结果的形成不仅是教育研究者推动的，更有联合国教科文组织等国际公共机构的强力推动。

《教育——财富蕴含其中》报告就表现出了终身教育在教育内外现实场域的某种"野心"。提交这份报告的国际 21 世纪教育委员会中的 15 位代表，大多是政治、经济、社会学以及科学领域的专家，仅极少数人员属于教育领域。这份报告的序言标题即为"教育：必要的乌托邦"，报告中将终身教育视为进入"21 世纪的一把钥匙"，是"步入教育社会的必要条件"，并且"必须把终身教育放在社会的中心位置上"。[①] 而由联合国教科文组织编写出版的《从现在到 2000 年教育内容发展的全球展望》则对终身教育给予了更高的定位，这份报告甚至认为"一个国家以终身教育目标作为所有教育子系统的方向，这便是对当今时代挑战做出的独特和恰当的回答，也是使人们能进行参考、自我表达、保卫自身权利和民主社会的基本价值，实现自我教育以及在充满可测和不

---

① 《教育——财富蕴含其中》，联合国教科文组织总部中文科译，教育科学出版社，1996 年版，上文说法分别引自前言，第 8 页，第 89 页，第 101 页。

可测变化的社会中进行有效适应的唯一办法"①。从这些论断不难看出，终身教育思想绝不仅甘居于形而上的理念世界，而是试图积极的化身为现实世界教育中的各种政策、制度、原则，成为教育实践中的必须被遵守的现实理性。

浪漫精神和理性精神的冲突在西方思想史上渊源深厚。早在古希腊就表现为具有浪漫精神的柏拉图哲学"理念论"和充满逻辑和理性的亚里士多德哲学"实体论"的某种对立；到了近代，浪漫和理性的冲突在思想上又进一步表现为唯理论者的绝对形而上学和怀疑论者彻底的经验主义的对立；而从19世纪开始，又出现了德国绝对唯心主义和英美功利主义和实用主义的对立。② 这种思想内部潜藏的矛盾冲突因子又从哲学流入后续分化演进出的心理学、社会学等领域。从思想源头上来看，作为深受哲学影响的教育理论，终身教育思想存在理论上的内在张力就变得不足为奇了。

而围绕柏拉图的"洞穴之喻"和实用主义哲学对"理念论"的回应，笔者认为不失为启发人们从逻辑上理解终身教育思想。希腊形而上学的基本特点就是要在现象世界的背后找到一种抽象的实在，或者说是普遍的"实体"。在柏拉图的哲学中"理念"正是这样一种东西，他认为，每一种事物都有其"本身"，都有作为其得以存在的根据的"理念"。在这一框架下，"理念"不仅与具体事物割裂开来，并且获得了客观独立性，成为一种客观概念和客观精神。"理念"不仅独立于感性世界中的具体事物存在，并且构成了具体事物得以存在的前提。具体事物是因为具有或者模仿了对应的理念，才得以呈现为万事万物。甚至在柏拉图的知识论上，理念还和感性世界相对立，理念才是真正的存在，而感性世界只是意见。③ 例如，什么是真正实在的桌子呢？柏拉图认为是"桌子"的理念，而不是这样或那样一张具体的桌子。柏拉图的理念论思想虽有不甚周延之处，但是这种思想却深刻地影响了西方的思想观念，让西方理论家执着于现象背后存在的某种"本质"的东西，或者可以说"存在"之为"存在"的道理。同样地，在终身教育思想中不难发现这样的思想特征，作为一种理念世界的产物，终身教育倡导者的视野中被赋予了成人教育、社区教育等实践活动的本体论地位，即终身教育才是上述教育活动成立的本质，这些具体的教育活动通过终身教育的大理念得以在现实中具体呈现。

而同样作为终身教育思想渊源的英美实用主义哲学则对传统的形而上学理

---

① S. 拉赛克、G. 维迪努：《从现在到 2000 年教育内容发展的全球展望》，马胜利等译，教育科学出版社，1996 年版，第 143～144 页。
② 赵林：《西方文化的传统与演进》，中信集团出版社，2021 年版，第 48～49 页。
③ 赵林：《西方哲学史演讲录》，上海三联书店，2021 年版，第 144～150 页。

念论持批评态度。实用主义哲学的批评大致有这样一些要义：传统上人们寻找所谓的本质是一种思维怠惰，是为了追求固定不变的生活锚点的一种思维便利。类似"理念"的所谓本质是人们对于感性世界中的现象进行抽象的逻辑结果，而人们为了某种便利总是将逻辑演绎的结果当作现实逻辑的先在。人们不应该将自己只视为世界的旁观者，进而迂腐地探索和周遭环境毫不相关的真理，而是应该行动起来，将认识与现实生存中的环境交互融贯，这样丰富起来的知识才是有价值的。哲学虽然不讨论对错的范畴，但实用主义哲学对"理念论"的批评却颇为独到，而这一点在终身教育思想内部的不一致性也可说是切中要害。

一方面，终身教育思想试图牢牢把握有关教育实践的本体论地位，成为一种具有超越现实意义的教育，并反身作为一种现实逻辑上的先在，使其成为成人教育、社区教育等教育活动所对应的在理念世界中发掘出更完备的、更高级的本质。另一方面，终身教育思想又从实用主义出发对本质主义采取潜在的拒斥态度，通过不同理论家对终身教育的定义和期许表现为：没有固定僵化的教育模式，认为知识的形态、课程的内容、传授的方式都具有流变的特点，终身教育要以满足人的多元多变学习需求为出发点，并积极影响现存的教育制度。

从这个维度可见，终身教育思想内部不仅有基于浪漫主义的、带有超越色彩的价值追求，还有基于理性精神的，对现行教育制度和实践提出的具体要求。因此，终身教育思想内部就酝酿着矛盾冲突，它在一般意义上将自己视为社区教育等教育活动最圆满、最完善的本质，而在具体主张上又反对为教育活动设定固定的、应然的实际状态。这是终身教育思想指导社区教育活动存在局限性的原因。

二、终身教育与社区教育的对象差异

如果说浪漫与理性的冲突旨在说明终身教育思想指导社区教育实践的"先天不足"，那么终身教育和社区教育所指向的对象差异则是终身教育思想引导社区教育"后天乏力"的现实因素。姑且不论终身教育思想内部的不稳定性，就其潜在关注的各种教育要素和对象而论，也与社区教育的关切有差异，其中最为重要的差异即在于"人"。

终身教育思想视野中的"人"是什么样的呢？从思想主张来看，它要求每一个人都必须终身持续学习，并且认为所有人都享有终身受教育的权益。在人生的各个环节，无论是青少年还是成年人，处于学校内的还是社会中或企业内

的场景，人都应该从教育中获得永恒的需求。因此，终身教育思想中的"人"不是具体的某一个人或某一群人。这里的"人"是高度抽象的一般意义的"人"，这个"人"的年龄、性别、职业、人生经历等都是具体的。与之对应的，这样的"人"所拥有的人格是理论意义上高度抽象的、拟制化的人格，是从不分男女老幼的"所有人"中共同抽离出来的，表现出的人之所以为人的那种共相。

而社区教育关注的"人"显然具体得多。无论如何提升社区教育在理论上的宏观程度，社区教育都需要聚焦社区本位，即在社区的场域中实施具体的教育活动。有学者将社区教育的概念凝练为：一种属于社区、通过社区、为了社区的教育。[①] 显然，有了场域的约束，"人"就变得具体了。参加社区教育各类活动和课程的"人"就是鲜活的，具有各自不同人格特征的社区居民。老人参加的是社区中的各种老年教育，青少年则以参加社区组织的校外教育活动为主。更进一步讲，每个教学班次覆盖的人员也是具体和有差异化的，与之对应的学员又具有不同的学习愿望和教育诉求。如农村学习者和城市学习者对教育目的的认识有差异；学习声乐者与学习书画者的兴趣点不一致；入门班的学习者与进阶班的学习者对同种性质课程教学效果的预期也有显著差别；就在同一个班次，每个学习者的独特的心理状态都需要在社区教育实践中加以考虑。而由教育对象人格的具体化又引出一系列在现实中更为深刻的问题：针对年龄、性别、生活地域、成长历史、学习要求等都千差万别的学习对象，社区教育需要开设哪些类型包含哪些具体内容的课程，对不同教师的能力特质提出何种要求，需要编写什么样的教材，如何定位社区教育中各个相关方面的关系等。这样一些更为微观的，但社区教育实践中现实而紧迫的问题，恰好是终身教育思想未企及甚至是不愿关注的领域，终身思想更为关注的是宏阔的教育规划，并以抽象的受教育者为出发点表现出对政策、社会等方面的兴趣。

三、终身教育思想指导社区教育实践的局限

从以上探讨不难看出，用终身教育思想指导社区教育实践工作存在着明显的局限。从终身教育思想自身看，其内部存在着浪漫主义的超越性和理性主义的现实性的潜在冲突；从终身教育思想与社区教育实践的关注对象的微妙区别来看，终身教育思想关注的抽象人格难以全面解释社区教育的现实困惑，也无

---

① 张永：《社区教育内涵发展论》，上海教育出版社，2018年，第9页。

从对微观但最为重要的社区教育实践环节给出具体的指导；而我们从整体性上理解终身教育思想和教育实践的关系时，会发现产生当代终身教育思想并使其繁盛的西方文化传统与我国的思想传统及当前我国对各级各类教育的基本要求相比照则大相径庭。

基于这种独特的状态，从推进社区教育的角度出发，笔者认为实践工作者应当更加审慎地把握终身教育思想，并有意识地将终身教育思想中的理想主义和超越色彩与社区教育实践中的现实约束与理性判断加以辨析。这样留给社区教育实践者们的思考空间将十分广阔，而其中颇为重要的一个方面是，终身教育思想应当在何种角度上引导社区教育。

尽管理想和现实之间存在种种差别，尽管终身教育思想的"乌托邦"属性浓厚，但不可否认的是，终身教育思想的产生与兴盛并不是无缘无故的。它是人们面对新的历史条件时对社会的反思与再认识在教育领域的投射，是人们对教育这种古已有之的社会活动以及这种活动表达功能价值的新期许和新希冀。而在现实生活中，无论国内外，社区教育、老年教育等新型教育活动均日益受到社会的关注，并且被越来越多的人接受和需要。这种发展趋势与终身教育思想所代表的文化价值交相辉映，代表着终身教育思想在总体上是契合人们的朴素需求和期望的。从这个角度来看，终身教育思想充分展示了教育作为一种终极关怀的合理一面。因此，作为一种崇高的理想，一种价值层面的玄设，终身教育思想作为社区教育的一种在实践其价值引导是合理的。更具体地说，即是在课程设置、教学过程等具体环节中展现终身教育思想倡导价值关怀；在教师的师德师风建设、学员的学习成果评价上以终身教育思想孜孜以求的未来教育图景作为向导，鼓励倡导广大教育工作者和学习者坚持终身学习。

但是，如果教育工作者不加反思和鉴别地对终身教育思想照单全收，使终身教育思想脱离了价值判断成为一种对历史与现实的评判，将其作为社区教育在现实中的整体性行动纲领，让社区教育实践必须时时处处片面地体现"终身性""全民性"，那么一系列存在于终身教育思想自身的内在矛盾，终身教育和社区教育之间的理论差异最终都将从理念世界转换为教育现实中的不能自洽甚至是某种困顿。后文还将以这样一种线索为引，观察社区教育的权能、制度、课程、师生等的状态。

第二章　权利与义务：社区教育与受教育权

近年来，社区教育不仅为教育界大力推崇，并且日益受到全社会的关注。在服务社会方面，社区教育以其灵活的教学模式与多元的教育内容受到大量市民（尤其是中老年市民）的欢迎。在教育管理方面，社区教育也走进了由各级教育行政部门主管，多级社区教育机构共同服务的建制化时代，不少地区还陆续颁布以"终身教育""社区教育"为主题的地方性条例，进而从法律方面明确社区教育的地位并对相关事业发展进行规制和倡导。

在社区教育实践日益兴盛之际，一些现实中隐隐浮现的"悖论"也正在引起人们的关注。比如，社区教育课程中的文娱性质比例太高，唱唱跳跳之外的"教育属性"有所欠缺。又如，公共教育机构开设一些具有政策引导价值、基本公共常识属性的课程时，往往受不到市民的青睐。再如，受教育程度更高的市民往往对参加社区教育等自我提升活动倾注更大的热情，而基础素养相对偏低的市民则对终身学习活动的兴趣较为淡漠。社区教育实践中的这类"不均质"现象超越了农村地区和城市地区的社会经济和人文差别，不同班次间教师的授课水平差异而普遍存在。有农村地区成人学校校长形象地综合描述了该地区社区教育活动开课时的某种窘境："开什么课是一方面的问题，开了课怎么把学生'请'来上课又是另方面的事。总之我们这片喜欢来的永远就是那么一批。"

这样一些实践"悖论"不免引发人们的系列追问：社区教育的教育对象是谁，教育目的是什么，课程标准是什么，等等。而要评价谁应该参加社区教育，怎么样的社区教育服务可以称其为"善"，其中的核心环节是思考社区教育中的受教育权问题。围绕社区教育，人们享有何种性质的权利和义务呢？于是，受教育权成为中介抽象的教育思想和教育原则到具体的教育内容、教育方法，贯穿教育体制、教育管理、培养目标、课程大纲、师生关系等讨论的话题中心。

第一节　受教育权的有关解说

一、受教育权的概念

要探讨受教育权的有关问题，首先就绕不开对"权利"一词的考察。古今不少学者试图说清权利是什么，而对权利进行了多元定义。一般意义上，权利一词被认为源起于人类的发展，是人类文明的产物。在伦理学意义上，权利用来阐述有关"正义"的问题，而法学上的权利还具有更加细致的结构。如有学者梳理，权利由权利的要求、资格、利益、能力、自由等方面构成，或者被界定为至少包括利益、意志、行为等几个要素。[①] 行为或行为的自由作为权利的关键方面，是一种对行为的肯定性评价，代表着行为的正当性受到来自社会成员和国家的认可，并表示此类行为的不可阻挡与不可侵犯性。进而言之，法律权利与利益并不完全相等，法律权利的真正核心与目的指向对权利主体以外的其他人行为的限制。[②]

除具有结构外，权利在运行之中还呈现多种形态，法学理论通常将权利分为应有权利、法定权利、实在权利。应有权利是历史形成的非法定权利，这样的权利一般脱胎于习惯和道德等，是构成法定权利的价值基础。法定权利则是以法律形态确定并加以保障的权利；而实在权利则是一定条件下得以行使或实现的权利。权利的结构的核心和运行的形态对于受教育权的解读有着重要的启发。

那么什么是受教育权呢？从字面意思来看即是：人所享有的，接受教育的权利，即人围绕教育而可要求享有的利益、行为自由等。而从受教育权的性质来看，人们对这种权利的理解视角更为丰富。受教育权可以被直观理解为适格主体接受教育服务的权利，比如"达到一定年龄并且具有接受教育能力的公民，享有从国家和社会获得文化与教育的机会和帮助，从而进入各类文教机构

[①] 张文显：《权利与人权》，法律出版社，2011年版，第25～28页。

[②] 张恒山：《权利与法律权利概念再辨析》，《中外法学》，2002年，第4期。

学习的权利"①。受教育权也被看作是政治性权利，这一学说认为，受教育的本质是公民为扩充其参政能力而要求国家提供文化和教育服务的权利，而国家和社会应保障这种基本权利。② 更为流行的看法是，受教育权既是自由权也是社会权，前者将受教育权指向一种经济收益属性，而后者表征受教育权同时也属于人权领域。③ 而基于新兴的终身教育思想和社区教育实践，国外在终身学习范畴下将受教育权解释为一种学习权，即受教育的人与生俱来的，要求发展和完善自身人格的权利。这种认识方式使教育权的保障不再仅限于以现代国家为主体的，对公民受教育的被动式政策规制；而是将其转换为以公民自身为主体的，自我行使的生长发展权利。④ 因此，学习权远远超越了现实中的"受教育"，甚至是一种崇高的理念，和当代所提倡的"学习型社会""学习型组织""个人终身学习"等价值观不谋而合。

二、受教育的权利主体和内容

人们对受教育权属性和结构的认识虽然纷繁复杂，但都建立在受教育权的权利本位上，那么谁来行使权利呢？这就需要回归受教育权的主体上。

主体首先是一个哲学概念，它既可以指逻辑学上的主词，也可以指本体论意义上的"实体"，还可以在认识论意义上表示认识和实践活动的承担者，并与认识与实践的"对象"相对应。法律意义上的主体即与这种定义有关，它指权利的享有者和义务的承担者，即法律关系的参加者。与法律意义相关联的，教育意义上的主体指的是受教育者和教育者，综合而论是有资格成为教育法律关系主体的自然人和法人，包括教育管理者、教师、学生、公民、国家机关、社会组织等概念范畴。

在诸多受教育权的主体中，受教育权的权利主体是最为基本的概念。毫无疑问，人是权利的所有者，受教育权也是如此。从世界范围内看，受教育权的权利主体包括所有人；具体到某个国家，则有本国的公民享有受教育权。1948年联合国大会发布的《世界人权宣言》明确规定，受教育权属于人权的一项基

---

① 余雅风：《论公民受教育权平等保护的合理差别对待标准》，《北京师范大学学报（社会科学版）》，2008年，第4期，第11~16页。

② 谢鹏程：《公民的基本权利》，中国社会科学出版社，1999年版，第110页。

③ 王俊，秦惠民：《自由权与社会权的兼顾：受教育权域外保障的法理逻辑》，《教育研究》，2022年第43期，第151~153页。

④ 龚向和：《教育法法典化进程中的终身学习权保障研究》，《国家教育行政学院学报》，2022年，第1期，第12页。

本权利，我国宪法则规定中华人民共和国的公民有受教育的权利和义务。而在理论上任何人都具有的受教育权在现实中却有不同的表征状态，其原因是有的人正在接受教育，有的人暂没有接受教育。正在接受教育者的受教育权表现得具体实在，而暂没有接受教育的人作为潜在的受教育者，其受教育权以一种抽象而潜在的方式存在。这种受教育权的表现状态对终身教育思想和社区教育实践中的法律关系分析具有显著影响，它们分别指向的具体现实的、抽象潜在的受教育权，其间的差异对于当下社区教育的工作同样造成重要影响，这一点在本章后续还会予以进一步说明。

而受教育权的权利主体究竟享有什么样的权利内容呢，综合有关教育法学的著作，大致可以分为这样一些方面。首先是受教育权的资格，即指受教育者在受教育权需要预先取得的资质、条件、身份等。其次是受教育权的权能，即保障受教育者的权威以及所具有的特定社会状态，包括教育投入、教育体制等。重点是受教育权引起的利益，即受教育者通过教育所获得的综合回报，包括社会身份、经济效益、政治地位、进一步发展机会等。核心是受教育权的自由，在法律意义上的自由指主体在行使或者放弃个人意志，在可能的最大限度内不受外界的胁迫和干预。① 受教育权的自由既是权利的一个方面，也贯穿在受教育的属性、状态等各个方面，而社区教育受教育权中各主体"自由"的表现，也构成了教育现实中的某些特别的景象。

三、受教育权的形成与演进

从上述讨论可以看出，受教育权可以在不同范畴下进行划分与解读，并且在现实中和理论上呈现纷繁各异的状态，足以说明受教育权所涉及社会的多个维度。权利是文明的产物，而受教育则是文明延续的必要依靠，如果没有教育活动来快速传承知识和经验，无论是个人还是社会的形成和发展都将无所凭依。从这个意义来看，教育与政治、经济、文化的互动，意味着受教育权的产生形成绝非仅由法律规定从而确立。正如马克思强调历史与逻辑的统一，受教育权以及其权利主体的确定不仅是法律逻辑对现实的一种规制，更是从历史发展演进中呈现为当前的状态。

从个人生活的历程来看，受教育的权利主体形成是基于个人因素形成的，

---

① 孙霄兵：《受教育权法理学——一种历史哲学的范式》，教育科学出版社，2003 年版，第 39 页。

这些因素包括个人的年龄、性别、身心特点、理想志趣、教育需求等。从社会因素来看，受教育权利主体形成受地域文化、家庭氛围、社会阶层等要素的制约。特别在社会环境和教育政策法规的变迁中，受教育权者的地位随之时常发生变化。如改革开放后我国开始扩大规模招收外国留学生来华就学，此时部分外国人成为我国新的受教育权的权利主体；而当21世纪初城市成人教育机构开始大规模开展社区教育后，部分原本不属于受教育者的社区居民，特别是中老年市民又成了新型受教育权的关注对象。

从以上两个例子可以看出，受教育权在历史意义上不是一成不变的。它的变化可能是由于政策、经济等外在因素引起，也可能是由于教育实践本身的革新而自我阐发。这一变动过程往往导致法律上应然的受教育权与现实中教育实践的错位，即教育权的规制先于教育实践或教育政策法规落后于实际教育活动。受教育权在应然与现实之间发展的动态平衡恰好体现了受教育权发展和人的发展之间的辩证关系。

从哲学意义上看，受教育权的发展是人的发展。追求自由是人的一种本能活动，作为主体的人具有无限的潜力和可能。人对教育提出的诉求则是人们对精神生活和生命意义在现实生活中的不懈追求。历史上，教育曾是神性的、贵族的，与之对应的受教育权是非人性的、特权性的。而受教育权发展至今成为个性的、平等的，恰好是人类文明发展的一个索引。

从法学性质上看，人的发展是受教育权的发展。人的每一次解放就意味着人所享有的权利的进步。按照之前的论述，接受教育及受教育权是人的基本权利中当然的一部分。这样的发展变化不仅被固化为当时历史条件下的法律规定、公共政策以及教育制度中，更留存在当时的哲学、文学等时代精华中。因此，人的发展又是受教育权发展的主要动力。

由此，两者形成一个合题，受教育权的发展与人的发展是"人是什么"在教育法领域的形象刻画过程，这既是法律规范教育的价值取向，又是教育本身的培养目标。作为现代社会新兴的一种教育形态，这个合题为理解当下的社区教育实践中的权利义务框架留下了重要启示：现实中的社区教育受教育权运行逻辑不仅是由各地方关于"社区教育或终身教育的促进条例"所确定的法学逻辑，还需要进一步考察受教育权在社会变迁中的历史逻辑。

第二节 受教育权的范式转换

一、受教育权的古代范式

不少学者对教育的历史形态进行了深入研究，我国学者孙霄兵则对受教育的权利主体及其对应的教育权控制主体做了详细的阐述，并以历史唯物主义为理论指引提出了受教育权主体的五种历史范式。[①] 作为一种有代表性的受教育权分析框架，他认为受教育权主体在不同的历史时期渐变地呈现出不同的主流形态，并且新近兴起的主流形态所代表的社会力量表现出和旧有的受教育权主体形态的社会基础的冲突斗争的一面。[②] 从他的分析框架来看，人类社会的受教育权存在多个历史范式。

在原始社会，包含教育在内的一切文化活动都处在蒙昧时期，虽然这一时期没有教育法规，也不存在法律意义上的受教育权，更不存在清晰的教育目标，但实际存在的教育活动已指向了当时实然的受教育权状态。这一时期的教育主要是直接传授生活经验，并且为原始崇拜活动服务。虽然没有教育制度，但教育实践并不刻意限制受教育的对象，且任何人在任何时候任何场所都可以接受教育。因此，原始社会实际存在的受教育权范式是朴素而自由平等的。如果用马克思的历史唯物主义观点进行阐发，此时的受教育权是没有自我意识的。

而阶级制度的产生则使教育成为制度的一环，贵族统治代替了禅让制度之后，教育权利成为王权或君权控制下的一种特权。教育作为这一时期贵族特权的延伸，对于身份的特殊要求成为当时受教育权的首要突出表现。只有个人的阶级身份得以确定，才能谈得上入学和接受教育；而个人的身份阶层越高，可以享受的教育等级越高。具体地说，少量优秀的平民子弟可以有一定的受教育机会，贵族子弟则在初具系统的受教育制度下进行学习，而大量的奴隶则不享

[①] 孙霄兵：《受教育权法理学——一种历史哲学的范式》，教育科学出版社，2003 年版，第 123～134 页。

[②] 孙霄兵：《受教育权法理学——一种历史哲学的范式》，教育科学出版社，2003 年版，第 137 页。

有受教育权。这样一种受教育权特权范式在古代无论东西方都经历了一段十分显著的历史时期，如我国西周设上庠、序。这种教育的目的指向培养社会精英，是特权要求通过教育规范人们的身份从而增强特权本身的力量，而受教育者则仅能通过教育在未来生活中确保身份上与特权的相一致。这一时期的教育主要探讨的内容是政治学和伦理学，代表性的强势论域也进一步说明了当时受教育权范式的精英导向。虽然这一时期也不存在多少成文的教育法规，但受教育权却由强大的习惯法充分表现出其不平等且不自由的特征。

在近代社会来临之前，中西方教育范式在各自的文化中发展演进。在儒家文化的滋养下，"修身齐家治国平天下"成为广大读书人的精神内核。尤其在科举取士走向制度化、规范化之后，读书受教育成为了求官致仕的主要途径，受教育的现实意义更加强烈。"朝为田舍郎，暮登天子堂"的劝学诗生动地表现了这一时期教育对象的平等化趋势。与特权化的受教育权相比，世俗地位并不构成对一个人能否接受教育并且取得成功的重要影响因素。而在西方社会，自公元 476 年西罗马帝国灭亡后的漫长中世纪时代，虽然现实生活荡不安，但西方古典文化却相对完整地保留在宗教教义之中。人们在平等地寻求精神慰藉的过程中，潜移默化地实现了受教育的平等化。但是，这一漫长的历史时期，受教育权仍然表现出诸多阶级性的特点，仅从教育内容的范围就可见端倪。在我国，自汉武帝采纳董仲舒"罢黜百家，独尊儒术"建议后的漫长的封建社会里，儒家经典被奉为权威，不容许别的学说从内容上"僭越"；而在西方中世纪时代晚期，亚里士多德学说成为人们日常生活不容质疑的前提。正是在这样的社会氛围下，哥白尼的"具有划时代意义的日心说"也仅能在其身故后才敢公开发表。综上可见，中古时期的受教育权表现出一定范围内的平等性但受阶段性局限不自由的特点。

二、受教育权的近现代范式

近代以来，民族国家成为世界上最为重要的政治实体。[①] 在国家化的范畴内，受教育权及于本国的公民，而掌握教育权力的国家政权机构，希望教育为国家培养有用的人才，并且提高国民素质以期在国际竞争中取得优势地位。而受教育的个体则通过实现受教育权获取知识，掌握技能从而提高社会地位。这种国家化的受教育权，试图将个体培养成公民，或者说"国家所需要的人"。

---

① 周平：《对民族国家的再认识》，《政治学研究》，2009 年第 4 期，第 90 页。

这一时期受教育权范式的重要进步在于，接受教育成为成文法中规定的公民权利，基于公民对国家范畴的政治一致性而享有制度化的教育平等，较欧洲中世纪受教育权宗教范式理念上的部分平等有相当的突破。而基于受教育权的国家化，教育成为整个社会关心的事业，这一阶段国家将普及儿童的初、中等教育作为一项义务，并且在国家体制中明确由国家或地方政府力量举办教育，赋给财政补助。[①] 这种教育制度的明确化来自日益兴盛的现代性，表现在受教育权主体主动对掌握教育权的主体提出明确要求。而从教育的内容和形态来看，理工学科由于近代以来的重大社会变革而成为教育的优先发展环节，古典主义知识的优越地位不复存在；而由于国家掌握教育权，基于国家主义的控制需求，课程和教学的刻板化、政治色彩加强。总体来说，这一阶段的受教育权范式表现出平等而不自由的特点。

第二次世界大战以后，在市场经济和工业化领域发展成熟的现代社会，商业组织成为更具影响力的社会单位。不同于掌握武装和暴力机器的国家组织，商业组织以大众传媒、商品经济等方式采取更为柔和与微妙的姿态影响所有人。教育从上层建筑变成了一种投资，公民同样也以消费者的姿态来看待教育。在这种社会化的范式下，受教育权产生了前代所不具备的资本属性，而典型的说法是："学这个有什么用""这个专业好就业吗"等。受教育成为涵养人力资本的重要环节，教育则成为旨在培养与市场经济相匹配的"理性经济人"，高等教育在此范式下不断普及。而在教育内容和教育形态上，应用型课程和系统的实践操作学习得到加强。人们在完成义务教育以外，选择是否继续接受系统的教育成为可能，具体的专业、学位、学习方式、教育机构乃至教师都纳入了选择。教育市场化及受教育的自由度最为集中的表达则是教育培训机构作为一种新型商业组织的出现。在选择自由的同时，教育、专业、学科被市场评价变得不纯粹，就业或者改善生活的利益取向可能压倒个人兴趣，而受教育作为商业行为则需要考察受教育者本身的经济条件。因此，受教育权的社会化范式表现出自由但不那么平等的特征。

三、终身教育视野下的受教育权范式

从第一章的讨论可知，通过终身教育思潮传递的受教育权观念，从受经济利益制约的社会化范式，转换为人的自由全面发展的路径。在这种受教育权范

---

① 陈孝彬：《外国教育管理史》，人民教育出版社，1996年版，第173~175页。

式中，人性化的社会超越了工具主义，转而为人实现自我价值服务。也就是说，在终身教育思想中个性主义和人本主义精神的影响下，教育成为"人之所以为人"的重要途径。[1] 受教育的场域不再拘泥于学校和课堂，内容也不仅限于规范的学科课程，教学倾向于以灵活和对话的形式展开。而受教育权范式表现出的个性化特点，统括地在法哲学上表现为受教育权从一种经济制度下的社会权上升为人权的基本方面。[2] 当提升自身修养和价值感成为教育的主旋律时，受教育权的个性化范式自由和平等的特征得到了充分表现。当代社区教育则正属此范式之列。

然而这样一种范式不同于历史上完全展陈的受教育权状态，原因在于终身教育思想所指向的图景在实践中短期内无法完全实现。从前述受教育权范式的嬗变中不难看出，受教育权范式的每一次转换实质上是人的权利的扩大，并表现为受教育权的觉醒与扩大，而前述受教育权利的内容，则是在历史过程中一步步展现出来的。比如，受教育者身份是在特权时代就被赋予最高位阶的；受教育权的权能则是在民族国家兴起时被明确下来的（如建立义务教育制度，将教育纳入公共预算等）。而受教育权的自由价值则是历史演进的。所以，终身教育思想引领的受教育权范式正初具形态，还将长期与国家化的社会化的受教育权范式共存。因此，笔者特别想提请注意的是，正在实现过程中的终身教育思想对应的受教育权范式当前表现为何种状态，需要考察社区教育主要参与者的认知与行动逻辑。

第三节　社区教育受教育权的认识逻辑

一、教育权权利主体的受教育权认识逻辑

从上一节的讨论中不难发展，社区教育作为一种较新的教育范式，其受教育权利观念并非历史形态，而是当下动态发展过程中的"现在时"。因此，现实中社区教育受教育权的实存状态不仅需要加以理论性的评价，更需基于社区

---

①　威廉·W·布里克曼：《教育史学：传统、理论和方法》，山东教育出版社，2013年版，112页。
②　道格拉斯·霍奇森：《受教育人权》，教育科学出版社，2012年版，第72～74页。

教育相关主体对社区教育本身的认识而动态生成。教育权利主体和受教育权利在社区教育问题上的微妙认识差异，就构成了社区教育受教育权多元的现实投射。

那么教育权的权利主体该如何界定呢？从现代社会的政治构架来讲指的是国家和地方政权。而更为具体地说，日常具体承担教育权的是教育行政部门的工作人员，以及接受公共部门委托实施教育权的学校等教育机构及教师。社区教育的教育权主体即属地教育行政部门，当地各级社区教育学校及社区教育管理工作者和任课教师等。

首先，从终身教育思想对教育权主体的要求来看，这一思想认为国家有义务为全民提供自由、自主、自助的公平学习机会，并以此目标为基准，要求国家及政权组织建设全面的终身教育服务体系，从而实现各项教育资源的整合和学习型社会的创建。[①] 并且，得益于联合国教科文组织、经济合作与发展组织和欧洲联盟等国际组织的大力推广及政治家的参与，终身教育思想在多种国际性官方文件中得以体现，进而超越理论进入公共政策的领域。例如，联合国教科文组织第四次国际成人教育会议明确提出：学习权的保障要依托政府的力量和资源，通过构建教育法律和政策制度予以保障。由此而论，社区教育作为当前承载终身教育思想的主要教育形式，从思想理论和政策导向的认识维度来看，提供并维护社区教育受教育权是一种理论上道义责任和政策上的合法要求。

其次，从已出台的法律明文要求来看，推进终身教育对于教育权主体的责任意味更加明确。从当前各地方出台的"终身教育促进条例"文本来看，均对公共部门对终身教育、社区教育事业发展赋予了详尽职责。这些职责主要包括：明确法规中的"终身教育"指现代国民教育以外各级各类有组织的教育培训活动；要求本省（直辖市）或地区的各级政府将终身教育事业纳入同级国民经济和社会发展规划；明确教育行政部门为本辖区终身教育事业的主管部门；将终身教育经费列入本级政府教育经费预算等。部分省市出台的有关条例还明确将"未履行终身教育监督管理"列为对国家工作人员失职追责的情形。[②] 因此，现行的法律明确了公共部门在终身教育事业中的权责，而教育行政部门、学校、教师等作为具象化的权责主体，推动和服务各级各类有组织的具体教育

---

① 吴遵民：《终身教育研究手册》，上海教育出版社，2019年版，第6页。
② 黄欣，吴遵民，池晨颖：《终身教育立法的制订与完善——关于〈上海市终身教育促进条例〉的思考》，《教育发展研究》，2011年第7期，第22页。

就成了其理所当然的义务。

最后，从实践工作的特征来看，教育行政部门、学校等针对终身教育的服务对象往往潜含着"群体"要素。教育行政部门的决策基准不是某一个受教育者，而是本地区现有的和潜在的所有教育服务对象，即全体市民的终身学习。各级各类社区教育服务机构的服务基础单元通常为特定人群，其工作的基本逻辑如为农村地区居民开设实用农技课程、为城市退休老人开设文化艺术类课程等。而教师则是在完成对班级管理的服务上，再投入精力服务具体的学员个体。总体来看，从教师到学校再到教育管理，其关注的受教育者具有逐渐抽象化的特征，其人格越来越趋于"一般化"，这种工作特点促使社区教育的管理者侧重以理性的视角进行认识社区教育，并以尽义务姿态来理解和推进社区教育。

二、受教育者的受教育权认识逻辑

大众是社区教育的福泽对象，而具体到某一个人是否参加社区教育，则显然是一种可供选择的可放弃的公共福利。

首先，从终身教育思想对受教育者的希冀来看，这种思想认为无论年龄、种族、性别、学习经历，每个人都享有贯穿其一生的受教育权利。它所倡导的终身学习并不只是教育维度的革新，更是一种值得广为倡导的社会文化和憧憬：以自我提升和自我实现为目的，国家终身教育体系为对所有人创设便捷的、个性化的教育服务条件。而与国家义务相对的情形是，作为个体是否接受、何时参与各类社区教育活动并不受终身教育思想的约束。在终身教育的理想状态下，只要个体有学习动机和需求，国家就理应提供有对应的教育机会。但是，是不是每个人都必须时常保有学习或受教育的激情呢？这同样是终身教育思想的未来展望，而不是当下每个人的道义责任。

其次，从现行的法律条文来看，社区教育对于受教育者而言更像是"国家赠与的一种礼物"。《中华人民共和国宪法》规定，公民有受教育的权利和义务。从形式逻辑上看，受教育既是权利也是义务存在概念范畴上的矛盾，但从教育目的进行理解，不同种类的教育属"权利"或"义务"的侧重可以有所不同。教育法领域通俗的观点认为，一种教育的公共性越强，那么受这种教育就更偏向于一种义务；反之，如果这类教育的结果是以学习者自身获益为主，则受教育表现出权利的特点①。比如，2018 年版《中华人民共和国义务教育法》总则第三条为："义务教育必须贯彻国家的教育方针，实施素质教育，提高教育质量，使适龄儿童、少年在品德、智力、体质等方面全面发展，为培养有理想、有道德、有文化、有纪律的社会主义建设者和接班人奠定基础。"该条文明确指出，义务教育之为"义务"的重要原因在于，这一阶段的教育目标是为了培养少年儿童，使之成为国家所要求成为的人，具备成为国家所期待的公民的能力准备。因此，基于稳固国家和社会发展的强烈公共属性，小学教育等教育阶段被明确为义务教育。与之相应的，接受职业教育、高等教育等则不作为义务存在，这些教育对社会进步有着积极贡献，但更突出的效益是使受教育者个人得到更多的机会和更好的发展。因此"读大学"即成为个人生活发展中的一个可选项而非强制性的经历。而回归社区教育的视域，各地有关终身教育、社区教育的促进条例都明确规定，"社区教育促进条例旨在保障社区教育促进市民的全面发展""终身教育条例是为满足市民终身学习需求，促进人的全面发展而制定"，而对市民参加社区教育活动的要求为"鼓励市民参加各类社区教育活动"②。由此说明，在实行法律的意义上，参加社区教育仅是一种被倡导受鼓励的选择，不参与社区教育者也并不违背法律规定。

最后，从教育实践的特征来看，市民参加社区教育活动是一种建立在个体知觉上的行为。显然，市民对社区教育的把握并非基于某种"全局性"概念，更具体地说，社区教育的导向目的、课程活动的设计管理、财政经费的有效使用等与学习者之间没有显著的关联。市民对是否愿意参加社区教育学习，主要取决于自身的兴趣爱好、时间安排、经济条件等人格化因素。社区教育的受教育者实现终身学习的动机不在于理论意义上对终身学习思想和受教育权的回应，而往往是基于住所地附近是否有社区教育学校，在那里是否正好被"喜欢某位授课老师""对课程内容有点好奇"等感性因素的激发。同理，有市民不愿意参与社区教育，则是因为"老师课上得不好""学习环境和气氛不佳""没有时间"等各式各样的个性化理由所搪塞。因此，学习者面对的社区教育显然不同于理论家、管理者所把握的作为一个整体概念的"社区教育"，而是一种课程多样、时间灵活、选择自由的教育服务，于受教育权上则体现为可供合理放弃的一种受教育福利。

---

① 苏林琴：《自由、平等、人权：受教育权属性解读》，《教育学报》：2009 年第 6 期，第 12~17 页。

② 此处参考《上海市终身教育促进条例》《成都市社区教育促进条例》等相关法规文本。

三、社区教育受教育权的现实与实现

基于上述讨论不难发现，社区教育受教育权在不同主体之间存在两种可证识的认识逻辑。于教育管理者、教育理论家而言，社区教育是抽象而全局性的。作为终身教育思想的延伸，教育管理者有责任推动社区教育蓬勃发展；根据法律明文规定，教育管理者有法定责任扩大社区教育供给；这种认识逻辑符合教育管理者的日常实践活动。而基于学习者的切身体验而言，社区教育是教育思潮社会发展带来的一项"增值服务"；相关法律倡导学习者积极参与社区教育；社区教育对于学习者而言是一项可选择亦可放弃的福利。

于是，基于彼此认识逻辑的不同，在社区教育的实践活动产生了本章开始时即描述过的现实张力：一方面，教育管理者、社区学校积极开班设课；另一方面，社区居民的反响或不尽人意。这其中的逻辑冲突在于，教育管理者承担了提供社区教育的义务，但却没有权利要求社区居民参加社区教育活动；学习者可以自由选择是否接受社区教育这种公共福利，但放弃社区教育权利并不承担义务。如此，社区教育的受教育权在认识逻辑上存在权利义务关系上的不对称性——教育管理者只有义务，而学习者仅享有权利。

可以预见，这种现实的张力将会在较长时期内持续存在。笔者认为，其原因可归结为两个方面。一方面，正如第一章所详细探讨的那样，终身教育思想内在的超越性与现实性的冲突，将使终身受教育权所需的社会基础难以在短期内达到，政府和社会建构出完备和灵活的终身教育服务体系的同时，公民享有高度多元且便捷灵活的教育服务。由理论悬设的这种状态无疑需要消耗大量的社会资源来实现。基于我国社会当前的发展情况，大部分地区能够常态化开设部分社区教育课程已属不易，因此在无限的全面供给责任和无限自由的选择权利之间，社区教育会表现出实践悖论。另一方面，正如本章前述，受教育权是在人类历史演进中产生和发展的，受教育权范式的发展动力在于社会的进步和人的权利观念的发展。马克思特别强调历史和逻辑相统一的辩证思维方法启发我们：在受教育权范式的转换问题上，某种具有典型性的教育形态出现，只能从逻辑上表明有与之对应的、理论上应然的受教育权产生，而不能说受教育权范式即刻便发生变化。在历史上，各种受教育权范式间的更迭往往几经反复才成为社会公认的一种常态。因此，终身教育、社区教育等作为新近兴起的教育形态，与之相应的终身受教育权从理论的存在到成为社会的选择还需要相当长的历史时期。

在讨论了社区教育受教育权的当下现实后，教育工作者如何推动社区教育受教育权实现范式转换呢？这无疑要求实践者回到终身教育理念，缜密地鉴别其中的超越性成分。正如前述，受到终身教育思想的影响，社区教育受教育权在一定程度上也具有相当的理想化色彩，这要求教育工作者审慎而有区分地把握社区教育受教育权当前的表达方向。在有关社区教育的顶层设计、场馆建设、课程开设、师资配备等具体现实问题上，教育工作者要避免被某种超越现实的理想主义所绑架，试图动辄以抽象的"全民""终身"等为工作目标，造成贪大求全而引发低效率的窘局；教育工作者应当回归社区教育的基层性，始终把握教育是服务具体个人的工作，在有限的条件下优化社区教育资源配置，结合社区属地的实际，一个阶段重点突破一个方面，从而维持和提升本地区社区教育的吸引力。在此基础上，是否要完全抛弃终身教育理念对现实的指导意义呢？显然答案并非如此。虽然终身教育思想对现实的指导存在固有的局限，但作为一种教育和社会思潮，终身教育思想追求的价值是使其保有生命力的源泉。从这个以角度出发，不将终身教育思想作为实践信条而是作为教育目的，才能回归社区教育实践本意。在教学管理、课程施教等学习者学习的核心环节，让终身学习的文化通过教学内容、场景环境等潜移默化地发挥引领作用，促成学习者的观念迭代，使参加社区教育的人们逐渐认识到这是一项必要的社会权益。而如何让这种分界不只停留在一种理论上的价值假设，而成为一种现实中各级社区教育机构的实践依据呢？这就需要教育工作者对社区教育当前的治理结构加以详细的考察。

第三章 位置与行动：社区教育的治理结构

我国现代社区教育起步于 20 世纪 80 年代，21 世纪初进入快速发展阶段，社区教育的范畴也从最初的"作为学习者接受学校教育的一种补充"转变为服务社区居民广义多元学习需求的复合形态。从公共管理的角度看，在社区教育内涵的综合化嬗变发展历程中，社区教育日益受到政府、社会和市民的热切关注，这种关注集中表现在社区教育日渐获得稳定的公共政策支持。这些支持包括各地陆续出台有关支持社区教育的地方性法规，各级教育行政部门明确将社区教育纳入指导管理范围，地方财政明确为本级社区教育列明预算等。这其中最为基础性的成果是，各地普遍建成了适应当地经济社会发展的公办社区教育支持服务体系，并以此作为当地发展社区教育的主要工作阵地。这一体系涵盖本级地方政府、有关职能部门和群众团体，主干是各级社区教育服务机构。层次分明的社区教育工作机构形成了一种金字塔型的指导关系，即省级工作机构指导服务地市级社区教育工作；地市级工作机构指导服务区县级社区教育工作；依此类推，直至街道乡镇一级的社区教育学校指导服务社区和村落的社区教育工作站。而这样一种看似整齐划一的工作体系之下，各级社区教育服务机构虽然承担共同的职能，但本身所处的内外环境却存在显著差异。这种差异基于工作层级的不同覆盖政策环境、机构性质、工作定位、人员结构、干系人群体关系等方面。因此，由各级社区教育服务机构组成的工作体系并不是均质化的，而是各个组成表现出不尽相同的风格特点和行动逻辑。由此，社区教育的多元治理主体因利益和关切对象的差异，在不同层级的教育事业发展中发挥不同作用，其中心问题正是社区教育服务体系各主干单元在与有关治理主体的交互中表现出的突出差异。这一差异将大大制约社区教育作为一项整体性事业的发展水平，同时也为社区教育实践和终身教育思想之间留下了管理学意义上的演绎空间。

第一节　治理结构与社区教育支持服务体系

一、治理与治理主体

在谈论社区教育的治理之前，首先应当对"治理"二字作一定的解说。治理何以作为近年来学术与实践领域的共同热词呢？就词语的本意而论，著名英国政治学家罗兹（Rhodes）在其治理领域的开创性著作中就指出过，治理一词虽然使用广泛，但人们对其确切的意义尚无定论。治理在不同的语境下有多种含义，但均没有解释它自己的"规定性定义"①。讨论什么是学术意义上的"治理"，有关文献莫衷一是，甚至有学者指出，单独的"治理"是一个空洞无内容的概念②。与此相对，实践者口中的治理大致都指向一种管理体制的变革，它旨在表明有别于传统的"统治"。在美国，治理往往表示"政府运用非政府组织来达到自身目的"。在我国，自从党的十八大做出了全面深化改革部署开始，"治理"二字的重要性日益凸显，在党的二十大报告中，"治理"一词在全文中出现了 50 次。"治理"在各个现实领域的蓬勃生命力，即社会希望采用不同于以往的管理机制激活各类公共事业发展。"治理"二字在实践中，宏观如国家微观至社区；大到行业、小到企业，治理都是其平稳运行和有序发展的核心议题，其含义随着不同的背景限定有着显著差别。有学者对实践意义上的"治理"进行了梳理认为，这种需要具体语境确定的范畴包含几个方面的关键点：政府内外的制度和行为体；作用和责任的界限变得模糊；机构之间的权力依赖；众多的自组织网络；通过新技术新方法去"掌控和引导"，而非强制性"命令"。③ 这表明，"治理"包含了这样一组前提，即这是一种新近发生的变革，非政府参与者在管理过程中发挥重要作用，并且需要依赖复杂的组织形式实现。

---

① 罗兹：《理解治理：政策网络，治理，反思与问责》，中国人民大学出版社，2020 年版，第 5～6 页。

② Claus Offe, *Governance：An "Empty Signifier"*, *Constellations*, 2010, 16（4）：550－562.

③ 王浦劬，臧雷振编译：《治理理论与实践：经典议题研究新解》，中央编译出版社，2017 年版，第 6～7 页。

治理强调参与主体的多元性、相互影响的多维性，治理主体和治理结构是治理实践中生根的关键要素。治理主体强调互动关系中的一个个枢纽节点，而治理结构则突出节点之间的影响和关联。第二章已经对"主体"的哲学概念做过阐述，"治理主体"则从认识论角度表现出这样几个要点：第一，是多样性，主体存在方式多种多样，可以按照性质数量等进行划分。第二，是关系性，主体的存在潜含交往和互动的关系，如果一个主体不存在与其他治理主体间的相互影响，那它便与该项治理毫无利害关系，使之不成其为治理主体。第三，是能动性，治理主体不是被卷入某项社会事业，而是作为有意识的能动的创造性的节点，在某项事业发展中具有自我意识和自身的利益诉求，并且使用不同的方式实现有关利益。因此，社区教育支持服务体系的治理主体正是那些自觉、自主、能动地通过政策、组织、经费、绩效等各种方式对体系施展直接或间接的影响力，从而实现自身在社区教育事业中特定利益的组织和群体。

二、治理结构的有关概说

治理结构和治理主体可谓是相通概念的一体两面。如前文所述，后者重在突出一组互动关系和利益网络的节点，而前者则侧重考察这组互动关系的具体内容。排除冗杂的学理论证，治理结构的实践意义在于刻画各主体各自有着什么样的影响力，其利益诉求是什么。[1]

众所周知，不同组织和群体针对同一事项会产生不同的影响力和利益。这些影响力从性质上可分为制度性的文化性的道德性的经济性的等；从影响力的作用方式来看，又可分为直接影响、间接影响和隐匿影响；从影响力对决策和行动影响的程度来看，影响力又可划分为强影响力和弱影响力等[2]。而从各个治理主体施加影响力以期的利益诉求来看，其追求的目标又覆盖公共利益、行政利益、经济利益、个人利益等。因此，社区教育治理结构可说是围绕社区教育这一公共服务的利益诉求和影响力的关系网络。

如何刻画这种关系网络，不同学者有着彼此殊异的研究范式，其中利益相关者理论是一种较为流行的理论探讨模式。一般认为，利益相关者的概念最早是由美国斯坦福大学有关研究团队提出，这一概念提出的背景是针对工商管理

---

① 胡象明，唐波勇：《整体性治理：公共管理的新范式》，《华中师范大学学报（人文社会科学版）》，2010 年第 1 期，第 11~15 页。

② 王亮，周晓宏，王业球：《项目利益相关者影响力评价研究综述》，项目管理技术：2012 年第 9 期，第 5~7 页。

领域"股东至上"原则的反思。利益相关者认为，企业是由多个利益关联者所构成的"契约联合体"，企业内外相关方面对企业的发展具有广泛的影响能力与利益关涉，且各个利益相关者是相对独立而平等的。这种理论高度契合新公共管理思潮中"政府是掌舵而非划桨"的角色定位，因而被广泛应用于各类公共事业和非营利组织管理的分析框架。利益相关者理论在教育领域的研究十分繁盛，应用到社区教育的治理分析也并不鲜见。[①] 究其原因，不外乎在于以公立社区教育机构为核心的社区教育服务体系不是一个仅仅受行政权力规制系统，而是各方合作共治的平台。社区教育作为一项社会事业，其可持续发展除了需要政府给予政策支撑和经费支持，还离不开教育工作者的协力、服务对象的认可、企业团体的助力。并且，由于社区教育服务对象的广泛性、服务形式的灵活性、机构规模的局限性，共同形成了公立社区教育机构单独依靠自身力量难以有效完成社会性的大教育的局面。因此，社区教育治理中的多元利益相关者相较于普通教育、高等教育等表现出更为活跃、更具互动性和更具张力的利益诉求差异的特点。社区教育的内外部治理主体间的网络关系可以如图 3－1 所示概述。

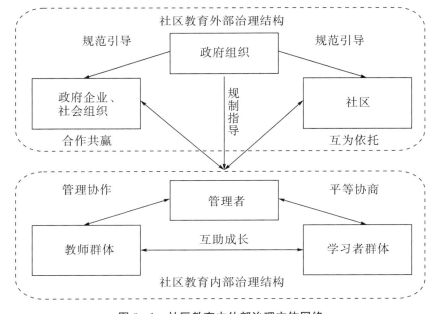

图 3－1　社区教育内外部治理主体网络

① 唐克，侯嘉茵：《社区教育政策执行多元主体利益博弈及其均衡调整》，《现代远距离教育》，2017 年第 1 期，第 7～8 页。

按照社区教育理论与实践领域的公认观点，政府、市场、社会和社区教育实体机构是社区教育的治理主体。[①] 按照治理主体影响力的性质与强弱的不同，学者们对利益相关者进行了更为细致的分类。在社区教育研究领域，杨旭辉在其对美国公立社区教育学院的系统研究中对国内外已有的相关研究进行了梳理，并提出了一种综合社区教育治理结构中的利益相关者分类标准，即确定型利益相关者、预期型利益相关者、潜在型利益相关者。[②] 这种划分标准基于对利益相关者拥有的影响力类型，包括影响力的合法性、权力性、紧迫性。合法性即指影响力的来源具有制度性基础；权力性则表明影响力的强度大小；紧迫性则表明利益关系影响组织改变时间的长短。利益相关者的影响力同时具备以上三个维度属性的为确定型利益相关者，具备其二的为预期型利益相关者，仅有一个维度的是潜在型利益相关者。在此基础上，他将美国社区学院的内部治理结构的要素也纳入教育事业的整体发展考察范畴，研究了社区学院管理层与教师作为利益相关者的地位与其博弈空间。虽然美国公立社区教育学院承担了大量的中学教育和高等教育衔接职能，与国内社区教育机构的功能定位不尽相同，但这样一种考察视野却可资借鉴。综合相关研究论述，排除过于学理化的概念阐释，我们不妨从下面这组利益相关者的互动考察我国当前社区教育的治理结构，见表3-1。

表3-1　社区教育治理场域中的博弈互动

治理主体	利益诉求	博弈工具	与其他治理主体之间的关系	与公立社区教育机构的互动
政府组织	促进经济社会发展，争取社会治理业绩	政策手段、经费手段	与非政府组织和群体合作	行政领导业务指导
社区	提升社区服务水平，维护社区和谐	进行社会动员，共享设施经费	争取上级政府和社区居民的认可	基于社会效益的互动
企业、社会组织等非政府组织	获得社会认可，获得经费支持	提供特定专业支持，进行社会动员	争取政府组织的支持，争取社区学院的认可	基于具体项目的经济利益和社会声誉的互动

---

① 邵晓枫：《现代社区教育治理体系的内涵探索》，《终身教育研究》，2018年第5期，第64~66页。

② 杨旭辉：《美国公立社区学院治理结构研究》，上海社会科学院出版社，2021年版，第54~57页。

治理主体	利益诉求	博弈工具	与其他治理主体之间的关系	与公立社区教育机构的互动
社区教育机构管理层	职位晋升、提升行业话语权	具体事项决策、信息优势	与社区教育机构内部人员及外部伙伴合作，接受行政上级领导	实现机构与个人利益的同步发展
教师群体①	获取薪酬、专业晋升	自主选择投入精力和发展路径	互相合作	互动发展
学习者	获取教育服务	选择自由、提出需求、评价服务	行动具有相对的独立性且诉求多元化	通过机构服务实现自我价值提升、教育服务消费者

三、社区教育支持服务体系

从上述分析不难发现，社区教育治理的核心环节是由各级实体社区学校、学院组成的社区教育支持服务体系。目前，在发达城市由各类市场主体举办的老年大学等闲暇教育机构正在快速发展，正在成为社区教育领域的新生力量。但不可否认的是，各级公立社区教育机构当前在社区教育治理体系中具有重要而独特的地位。其原因在于，从机构稳定性角度来看，公立社区教育机构的服务具有可预期的持续性；从教育服务实施的环节来看，总体而言，公立社区教育机构服务的人员体量大于非公立社区教育机构；从管理实践的角度看，各级公立社区教育机构还承担本级政府和教育行政部门部分社区教育行政管理的延伸职能。因此，分析社区教育支持服务体系的细部结构对于讨论社区教育治理可谓是必要的前提。

社区教育作为一项社会事业，从广义的角度看，社区教育服务体系除各类实体社区教育机构外，还应包括各级政府和教育行政主管部门。但由于政府组织的职能范围宏大，且不承担社区教育教学服务的具体事务，因此在实践意义

---

① 社区教育的教师群体广义上可包括三类，一是在社区教育机构专职从事教育管理和教学服务的教师；二是在各类社区教育机构兼职从事教学服务的人员；三是以志愿者身份服务社区教育的有关人员。兼职教师、志愿者不属于公立社区教育机构的固定工作人员，与机构间利益关联相对较小。本章讨论的教师指各级公立社区教育机构中的专职人员。

上考察体系的细部治理结构时可不作为重点。与此相对的，各级公立社区教育服务机构则成为社区教育治理结构的核心。以一个省级行政区为例，社区教育支持服务体系可按层级大致分解为五级：省级社区教育指导服务中心、地市级社区教育指导服务中心、区县级社区教育学院、街道乡镇社区教育学校、社区村落教育站点。五级社区教育机构上下连贯，承担起各自辐射区域的社区教育服务工作。作为一个工作整体，各级公立社区教育学院所构成的社区教育支持服务体系共同作为社区教育治理中的一个节点，受政府和教育行政部门的管理，与社会组织、企业和社区合作，同时也受到其内部治理结构的影响。基于体系整体事业的有关研究已经有很多①，但各级社区教育机构在"共相"之外，还各自面临情况迥异的内外现实环境。具体地说，在不同的行政层级，不同治理主体的内在含义不尽相同，不同层级的社区教育实体机构与政府、社区、社会组织与企业之间的关系有远近，即影响力和性质相同，但规模不同；而社区教育实体机构内部治理结构的利益诉求也不尽一致，表象为影响力性质的差异。特别还需指出的是，由于行政隶属关系和财政预算层级的差别，上级社区教育指导服务机构对下级社区教育指导服务机构的影响力十分微妙。所以无论在理论或是实践层面，简单地将各级公立社区教育机构视为一个体系都不尽合理。因此，进一步分层级、分类别考察各层级公立社区教育机构的内外治理结构间的异同，将有益于深入思考社区教育事业发展的机制性问题。

第二节 各级公立社区教育机构的治理结构

一、省级公立社区教育机构治理结构

以地方为考察视角，省级公立社区教育机构为一省社区教育最高层级的服务枢纽，其功能通过省一级的开放大学实现。在我国开放大学牵头负责社区教育具体事务的大背景下，除西藏自治区、新疆维吾尔自治区等少数社区教育尚处于起步阶段的省级行政区外，各省、自治区、直辖市都依托本级开放大学成

---

① 田铮：《社区治理视阈下的社区教育机构的整合》，《中国成人教育》，2017 年，第 15 期，第 3～5 页。

立了以"社区教育指导服务中心""社会教育处"命名的社区教育工作机构。以江苏省为例，相关机构的职能大致定义为：负责全省社区教育的政策咨询、督查评估、体系和队伍、平台和资源建设；负责相关系统社区教育的指导与协调；负责有关教育科学研究等工作。

从机构设置上来看，省级公立社区教育机构挂靠于省级开放大学，社区教育指导服务成为省级开放大学业务的一部分，业务的具体执行由开放大学的内设机构承担。而从省级开放大学自身的机构设置来看，其普遍被定义为公益二类高等教育事业单位，除社区教育外，还需承担省域内的学历教育工作，以弥补财政投入的不足。因此，省级开放大学大量的机构和教师服务于开放教育和职业教育办学教学服务，社区教育占用资源的比例相对较低。从当前人事管理制度来看，省级教育行政主管部门对于省级开放大学并没有直接的日常管理权限。从职能的定义来看，省级公立社区教育机构承担的事项主要集中于较为宏观的统筹协调指导以及学术研究工作，而并无直接举办社区教育等类型教学活动的具体任务。

由此而论，省级公立社区教育机构在外部治理结构方面表现为接受政府组织的领导，但其自身作为公立高等学校的一个组成部分，又天然地具有相对的独立性。就其承担的工作职能来看，主要是政府行政职能的延伸与辅助，并不强调社区教育的实体办学。由于办学体量和职能层级的约束，省级公立社区教育与基层社区和有关企业团体的联系不甚紧密。一方面，其直接指导服务某个基层社区的机会偏少；另一方面，由于工作职能的宏观化，与企业社会团体间的社区教育项目链接相对也较少。从内部治理结构来看，由于省级公立社区教育机构设立于高等学校内，管理层和教师群体的主要利益诉求则聚焦于高等学校框架之上。管理者主要关注在高校体系内的影响力和职能转换，而教师则普遍希望获得学术认可，晋升高等学校教师或教育科学研究系列职称。由于不刻意强调社区教育，省级公立社区教育机构并不能直接面向学习者群体，因此学习者要素在实际中往往脱离其内部治理体系。

二、地市级公立社区教育机构治理结构

地市级公立社区教育机构的治理环境则与省级公立社区教育机构有所不同。在地市教育行政主管部门的领导下，地市公立社区教育机构普遍设立在地方开放大学之中，其主要职能除囊括了本地区社区教育资源建设、队伍建设、指导评估之外，还普遍包括示范性的社区教育实体办学。

从机构设置和日常管理机制来看，地市级开放大学一般由地方政府领导、地市级教育行政主管部门具体管理，不少地市级开放大学为地市级教育行政主管部门直属的事业单位。虽然地市开放大学的机构规格较高，主要负责人不由教育行政主管部门任免，但经费预算普遍施行教育行政主管部门下的二级财政预算制度。因此，政府的规制在地市一级较省级更强，而社区教育工作在地市级开放大学中的工作占比也明显高于省级机构。在此方面，直接的例证是随着地市级开放大学近年来的转型发展，不少独立设置的地市级开放大学转设为公益类事业单位，标明其公益属性较省级公立社区教育机构更加突出，也有更多的精力和资源投放。这一定位体现在职能方面，地市级公立社区教育机构更多地承担着社区教育项目运行和品牌孵化工作，且普遍举办具有本地区特色的社区教育示范性常态化课程班，这样就给与企业及社会团体合作留下了空间。

从地市级公立社区教育机构的职能定位，还可以引申到其内部治理结构中。此类机构因协助教育行政部门完成本级社区教育内的行政支持工作，同时又要兼顾社区教育的办学和治学工作，于是，地市级公立社区教育机构的内部存在较为区别显著的两套行动系统。其一是行政管理的伦理系统，即要接受教育行政部门的指令，用行政逻辑完成地区社区教育"面上"的工作；其二是学校办学的行动逻辑，即要以服务者的视野，通过平等姿态吸引本地区市民积极参与本机构组织的教学和活动。因而，地市级公立社区教育机构的管理层与教师队伍，既是行政意义下科层制结构中的一个基本单位，受严格的纪律约束；又有基于教育组织管理下的"松散结合系统"特征[①]，表现出教育工作者各自独特的人格化特征，包括教学与研究的自由等。与之相对应的地市级公立教育系统的价值评价也包括多种维度，一方面是作为教育行政延伸的行政绩效的获得，另一方面是作为教育机构基于办学服务获取社会绩效，以及机构内的教育工作者基于自身专业权力而追求的学术绩效[②]。

三、基层公立社区教育机构治理结构

区县级公立社区教育机构的治理结构与地市级情况不尽相同，从区县级公立社区教育机构的设置情况即可见一斑。目前，区县级公立社区教育机构的存

---

① 王正平：《教育伦理学》，人民教育出版社，2019 年版，第 376～379 页。
② 欧文斯：《教育组织行为学（第 7 版）》，窦卫霖等译，华东师范大学出版社，2001 年版，第 16 页。

在多种建制方式，主要包括独立建制的区县级社区学院，与区县级开放学院合署办公，与区县级中等职业技术学校合署办公，与区县级教育行政部门其他直属事业单位合署办公等形态。虽然机构存在形态纷繁复杂，但其管理实践的特点却十分明确。第一是区县级公立社区教育机构不再如上级机构一样，全部统一作为成人高等学校的一个部分；更有甚者，部分区县级社区教育机构与开放教育合署办公并成为法人主体；而单独设立的社区教育机构的出现则更加凸显在区县一级社区教育在本级成人教育事业中的重要地位。第二是区县级公立社区教育机构受本级教育行政部门的全面管理，无论以上述何种形态存在，区县级公立社区教育机构均为本级教育行政部门直接的行政下级，不仅须在方针政策与教育业务上接受其指导，并且机构的人员调配及经费划拨等均归属其管理。因此，相较于省市教育行政主管部门，区县级教育行政部门对本级公立社区教育机构的影响力更为强力而直接。第三是区县级公立社区教育机构的学术属性较省、市机构相对偏弱，而行政属性却相对更强。独立设置的区县级公立社区教育机构普遍由属地的中等职业学校、原广播电视大学工作站等机构转型而来，在机构历史上强调的是办学而非学术，在治理结构的历史沿革上更加接近于中学，而普通中学内部治理结构则属于典型的科层制结构①。此外，与其他教育公共事业单位合署办公的区县级社区教育机构由于在工作优势上更接近教育行政部门，因而更天然地趋向于行政管理的模式。

由于区县级社区教育机构开展服务的方式直接，因而其中外部治理环境也就不同于省、市级同类机构的重要原因。这一级机构强调以多元化的社区教育实体办学服务本辖区居民常态化的终身学习活动，需要整合社会资源增加本地区社区教育供给的数量和质量。办学教学作为区县级公立社区教育机构更为突出的重要职能，表现在其治理结构上的特点是机构与基层社区、企业团体间的联系更为紧密，互动更为频繁。区县公立社区教育机构自有资源往往不足以支撑本辖区的社区教育办学服务，因此十分重视获得其他社会单元在教育教学资源方面的助力，以期联动拓展社区教育的基层阵地②。如争取获得基层政府和居民自治社区组织的认可与支持，在教学场地使用、社会保障资金分配等方面为基层社区教育争取更多物质保障③；又如联合有关企业团体以各类项目形

① 庄西真：《科层制和关系网络：学校中权力与资源的配置》，《当代教育科学》2005 年，第 8 期，第 6~8 页。

② 方轮，胡艳曦：《城市社区教育资源开发与整合》，广东人民出版社，2009 年版，第 34~36 页。

③ 李艳娥：《构建社区教育经费投入机制研究》，《广州城市职业学院学报》，2012 年，第 4 期，第 27~31 页。

式，扩大社区教育课程供给等。而学习者是办学服务的基本落脚点，也是区县级公立社区教育机构与整合其他社会主体资源的服务目标，因此机构管理者和教师须充分重视学习者的反馈，在帮助学习者增加个人幸福感、获得感的过程中同步实现社会效益的整体扩大。

除区县级社区教育机构外，基层公立社区教育机构还包括乡镇、街道的社区教育学校，社区和行政村的社区教育工作站等层级的机构。这两级机构除在少数社区教育起步早、经济社会发展相对发达城市较成体系外，在我国大部分地区尚处于"悬设"状态。相关工作机构挂靠在各类基层文教单位，而职能也与基层文化、社治工作混同，且普遍缺乏专职人员。并且，部分地区尚未挂牌建立此层级的社区教育机构。因此，本层级公立社区教育机构普遍不具备讨论其治理结构的前提。

第三节　社区教育机构治理结构的困境与启发

一、不同层级公立社区教育机构治理结构比较

作为一个工作整体，公立社区教育支持服务体系基于服务社区教育的工作主旨，要面对同样类型的治理主体，包括治理结构外部的政府组织、基层社区和企业团体，以及处于治理结构内部的管理者、教师群体和学习者群体。工作体系的建构不仅是抽象意义上的概念和逻辑的组合，更是面对不同现实环境的具体展开。通俗地说，撇开各级的具体情况，每一层级中同种性质的治理主体表现出不同的特征。基于利益相关者理论，来探讨这些特征，只有将各级机构从体系的整体架构中抽出作独立考察，才不难发现其他利益主体在不同层级的社区教育机构治理环境中表现出不尽相同的影响力性质与强度。

从外部治理结构上来看，政府组织在各级社区教育机构治理环境中均以制度化发挥着领导与指导的作用，具备影响力合法性；但由于具体管理机制的差异，政府的影响力越基层越强力。社区是社区教育办学服务的主要阵地，可以说，脱离了社区，服务本区域居民的多元化学习需求将成为一纸空谈。社区对公办社区教育机构虽然没有制度上的约束力，但随着办学职能重要程度的提升，社区对社区教育机构治理的影响力显著增强。企业、社会团体等组织作为

社区教育兼职师资和各类服务资源的重要来源，其治理地位同样随办学职能的日益突出而加强，越是在基层的社区教育治理结构中，其影响力和紧迫性越强。

从内部治理结构上来看，无论何种层级的管理层都对社区教育机构治理发挥着稳定的影响力，虽然其合法性、权力性、紧迫性毋庸置疑，但越基层的管理者的关系链接越多，其影响力越受到更多因素的影响。教师群体的影响力则随着治理层级提升趋于减弱，其合法性、权力性、紧迫性都有所下降，处于越急治理层次中的社区教育教师，承担的行政管理属性越弱，而学术属性越强。学习者对应级越低的社区教育机构影响力越显著。在基层社区教育机构治理环境中，这类机构直接面向学习者提供服务，因此对于学习者的现实反馈响应十分敏锐，而在学术化倾向较为浓重的省一级，其影响力则较为微弱。

表3-2对不同层级社区教育机构治理环境中的各主体影响力特征做了不完全归纳。

表3-2　不同层级社区教育机构治理环境中各主体的影响力特征

	省级	地市级	区县级
政府组织	侧重宏观性的管理	偏向于宏观性的管理，少部分直接管理职能	同时兼有宏观管理和直接管理
基层社区	非直接服务对象，影响力微弱	作为示范性工作的服务对象，具有一定影响力	作为日常工作的服务对象，综合影响力很大
企业、社会团体	直接办学少而与机构间关联度较小	通过特定项目和办学产生关联	通过常态化办学服务产生持续而稳定的关联
机构管理层	偏向于追求机构内影响力	同时追求机构内影响力和对基层的影响力	争取在本层级和上一层的影响力
教师群体	实际工作行政化，绩效导向学术化，影响力较小	实际工作和绩效导向兼有行政和学术导向，影响力较小	绩效具有显著的行政和办学教学导向，因与机构目标一致影响力较大
学习者	影响力较小	作为特定场景的直接服务对象，有一定影响力	作为日常工作的直接服务对象，影响力颇大

二、公立社区教育机构治理结构困境

从上述比较可以看出，不同层级公立社区教育机构因具体治理环境显著不

同，进而潜含着不同的内在冲突。

省级公立社区教育机构面临着实际业务和绩效导向不一致的困境，作为教育行政部门的职能延伸，此类工作的性质属于行政支持类业务；而本级机构的属性为高等学校，协助教育行政部门开展的辅助性支持并不属于高校传统领域内业绩评价范畴。同时，由于本级机构并不作为社区教育办学实体，有关的研究和指导则趋于抽象化、一般化，导致本级机构在社区教育治理体系中呈现某种"空心化"色彩。

地市级公立社区教育机构面临的主要问题则是"混同化"。从承担行政职能的延伸角度来看，这一级机构基于自身所处的学校治理结构内部，同样面临着业务属性与评价机制不相适配的困扰。而从办学教学的角度看，本级机构与区县级公立社区教育机构的地位是平等的，不存在指导与被指导的关系，都是以学习者现实且具体的学习需求为服务目标。社区教育作为在社区场域中展开的教育活动，与地市级机构行政管理体制的关联度低，而与区县级机构的互动联系则十分密切。因此，在办学的视角上看，区县级机构比地市级机构更具天然的优势。这样的现实状况容易导致地市级公立社区教育机构的职能定位失准：一方面，行政指导业务无法实现本机构的自我证成；另一方面，实体办学不具备相对优势。因此，地市级公立社区教育机构在履职中表现为"既像行政机构又非纯粹行政机构，既像办学机构又非纯粹办学机构"的角色混同特征。

区县级公立社区教育机构则面临身份职能"多重化"的困扰。由于受教育行政部门的直接管理，本级机构作为社区教育行政管理的支持延伸部门，特征更加突出，在衔接社区教育行政管理和社区教育公共服务之前呈现出比省、地市级机构更为明显的科层制结构特征。[①] 同时，本级机构作为属地基层单位，政府和居民对其提供实体办学服务的要求和需求都较为刚性。特别是，一些区县层级的公立社区教育机构原本就加挂在或者依托于各类学校设立，也具有实体化办学的历史传统。因此，在办学服务方面，本级机构的学校属性也较上级同类型机构更为显著。如此导致的状况是，本级机构在实践上的地位不仅是行政辅助部门，同时也是办学服务机构，并且两种路径的职能在治理意义上都具有正当性。这需要本级机构既充分响应来自政府部门的影响力，同时也不能忽视来自学习者的多元诉求。那么，机构中的管理者与教师如何在行政事务和办学教学的两种绩效导向中取得平衡就成为一个重要的实践课题。

---

① 张娜：《论科层制改革与学校自主发展》，《教育发展研究》，2006年，第16期，第65～68页。

再一次考察公立社区教育支持服务体系，各级机构在围绕社区教育开展工作的"共相"之外，存在诸多的差异。首先，各级机构基于不同的治理环境，面对的外部影响力和现实需求有所不同。其次，各级机构基于不同的职能状态，实现自身价值证成的逻辑路径有所不同。再次，各级机构基于职能来源的不同，其建构的工作体系会程度不同。这是由于各级机构基于办学和学术研究的维度是平等的，而基于行政职能的延伸则是关联程度低下的。因为各级公立社区教育指导服务机构之间并没有直接的行政隶属关系，仅是通过各级教育管理行政职能的中间环节建立的业务关系。据此而论，各级公立社区教育指导服务机构构成的工作体系即使在外观形式上成立，其实质却充满不同利益诉求间的张力。

三、终身教育思想对社区教育治理的启发

治理结构是政策实施的现实维度，也是指导思想的现实投射。公立社区教育机构的治理结构集中地体现了终身教育政策对于教育实践的规制效果，而公立社区教育支持服务体系中现存和潜藏的矛盾不免令人略感遗憾。加拿大学者阿瑟·克罗普利（Arthur Cropley）就曾对终身教育向现实世界的教育管理投射提出了尖锐的批判，他认为：终身教育充满太多的理想色彩，缺乏坚实的理论与实验基础，容易使人们永久地依附于教育理想而不自知。[①] 从各国公立社区教育机构的现实治理情况来看，这一论断不无道理，不少学者已通过文献与政策研究的方式，指出终身教育政策推展过程中的许多突出问题，其中颇为致命的是，终身教育的政策承诺多于实施。[②] 终身教育不是一种单向度供给的社会福利，它需要社会的普遍参与而不仅是公立机构的单方面行动。由于终身教育所指向的目标宏大而不具体，服务的对象诉求多元而单一，这就为推进终身教育的公立机构组织形态提出了极大的挑战。社区教育作为实践终身教育思想的一种教育形态，在组织体系建设方面所面临的逻辑起点和历史起点与终身教育政策的渊源高度一致。但从多数国家推动终身教育政策的实践来看，政策的宣传多于政策的行动，而组织机构建设正是其中显著的例子。近年来，"社区教育促进社区治理"是终身教育社会价值的一个研究热点，在实践中也涌现出

---

① 阿瑟·克罗普利：《终身教育——心理学的分析》，沈金荣等译，职工教育出版社，1990 年版，第 159～172 页。

② 朱敏：《国际终身学习政策推展模式研究》，上海教育出版社，2017 年版，第 188～195 页。

许多鲜活的案例。然而反观社区教育自身治理结构建构之时，终身教育的政策、文件、制度很难对有关机构所面临的外部现实环境及所具有的内在价值冲突做出很好的调节与平衡。

然而，当终身教育脱离政策框架的维度，被视为作为一种思想理念时，它能有力地促进社区教育治理的优化。如第一章所阐述，终身教育作为现代概念，它的起源和发展受到公共管理部门和政治家的强烈影响，故其现实主张多是基于教育制度来阐述的，核心要点则是认为国家需要建立一套完善的体系来支持服务全民的终身学习。遗憾的是，它并没有指明，或者说并没有能力提出建立一套具体怎么样的教育体系。但从价值导向上，终身教育的思想是相对清晰的，它扩充了传统教育的概念，尤其是打破了教育即学校教育的观念。这使得社区教育之类的新教育形态在理论上可以成立，进一步地，建立与这样一些教育理论相匹配的管理机构与制度也成为必要选项。它在教育观念上的另一个贡献是，将有组织的教育从接受知识为主的活动扩充至包括但不限于"文化的再生产"式的教育目标。即回归提升个人素质、提升个人幸福感、获取职业技能等为多元目标的大教育观。这为各种社区教育机构从伦理学意义上锚定了一个共同的目标，即追求服务大教育的绩效：通过各种方式服务市民个人和整体的教养提升。从这个意义上看，不同层级不同地域的公立社区教育机构无论从事办学、管理、学术研究等不同业务，以"服务学习者为中心"可作为其行动中共同的目的论。在共同的价值基准下，更具体的措施可以围绕服务学习者的宏观、中观、微观展开。宏观层面包括实施社区教育区域整体性的统筹指导，研究社区教育活动中的一般性规律等；微观层面则指向开展实体办学服务，进行课程、教学和学校的管理等；而中观层面则应当做好微观和宏观之间的融通，例如将办学、教学、管理等实际工作中的具体现象加以梳理和提炼，并使之固化为新的知识或实践智慧。是否将这样一种职能分类与公立社区教育机构的层级大致相对应，进而获得价值意义和现实意义上的证成，将是一个值得持续深入探讨的问题。

第四章　应然与实然：社区教育的课程维度

　　"课程"是所有教育类型的中心词汇，也是阐释角度最为丰富的教育概念之一。社区教育作为一种新近快速发展的教育形态，在教育和服务学习者个人发展、涵养社会资本等方面均具有独特的优势。而这些广域多维能效的具体实现最终都需要通过以课程为基本载体的教育实践活动。在此，社区教育课程的内涵是多向度的：从宏观角度看，它指向课程目的；从实施角度看，它表达社区教育的内容；从学理的角度看，它指向教育活动中的显含的文化意蕴以及潜在的社会控制；从实践的角度看，它代指社区教育的教学实施各个环节。

　　从逻辑学上讲，一个概念的内涵越大，其外延则越小。从哲学角度我们如果把内涵看作"质"，外延看作"景"，而社区教育课程似乎在实践中并不受到这一组"质""量"范畴的约束。社区教育实践者往往有这样一种倾向：在强调社区教育课程内涵丰富、意义重大的同时，也强调各种形式的教育活动或具有教育色彩的活动均属于社区教育课程之列。在实践方面，形式上除了传统意义上课堂讲授型课程和技术实操性课程外，各种群众性教育活动往往也纳入了社区教育课程的框架，如游学、社区议事会等；而在内容上，除了以传递既有知识技能为主的课程外，也有以现实情境为展开的、广义的人文主义关怀，如关心听力障碍人士的"无声电影院"、针对农村地区留守儿童的送教服务等。多元化的社区教育课程实施反映了当前社区教育课程受到的终身教育观念的强大影响，表现出一种大教育的课程格局，同时也突出表现了社区教育在实践中力图突破学校教育课程范畴的自我证成。

　　但是，回归社区教育课程的概念本身，如果所有与社区教育有关的活动都能被"课程"诠释，必然导致"社区教育课程"事实上成为实践意义上的空概念，结果将不利于社区教育服务的深度发展。因此，审视"社区教育课程"在应然与实然之间是否存在以及存在怎样的结合点将成为不断厘清社区教育课程实践中的结构与边界的必要工作。

第一节　社区教育课程的各种观念

一、课程的概念

"课程"是一种人类文化现象。在历史上，课程是在教育发展到一定阶段产生的文化结构。虽然"课程"产生晚于教育，但自从"课程"观念产生以来，"课程"就成为同"教育"共同发展的复杂概念。概念的复杂性却并未令人们停止对"课程"的探究，究其原因离不开"课程"的中观桥梁地位：从"课程"出发，宏观可达国家的教育政策；微观可至课堂的多元实践。

历史上，汉语中的"课程"被认为始见于唐朝孔颖达为《诗经·巧言》中"奕奕寝庙，君子作之"一句所做的注疏——"教护课程，必君子监之，乃得依法制也"。[①] 在此，"课程"指的是应当被修习的课业。在西方，"课程"最早是由拉丁文中的"currere"（跑道）一词派生而来。在此"课程"的原初意义为"学习进程"。而随着人类文明的发展和教育实践形态的不断嬗变，"课程"试图囊括的内容也持续扩大。

国内外教育研究者从多学科的视野对"课程"概念进行分析，其中主要包括社会学、逻辑学、现象学、谱系学等"课程"观念。外国课程论研究将具有代表性的"课程"定义在《国际课程百科全书》中并进行了较为全面的梳理，该百科全书中列举了九种课程定义的方式。（1）为了使学生掌握一系列思维和行为的方式，而将潜在的经验按照一定的顺序组织起来，这种经验组织就称之为课程。（2）课程是学校应当为学生提供的一整套教学内容和实施计划。（3）课程是探讨能够体现教师、学生、学科和内容、环境影响的各种方式。（4）课程是由母语、数学、外语、自然科学、社会科学和人文艺术组成的学科体系。（5）课程是学生在学校指导下经验的全部历程。（6）课程是关于人类经验的可行的思维模式，它的范围广泛且不断拓展，拓展的范畴不仅包括模式本身，还包括那些有依据并通过检验的真理。（7）课程是学校中指导生活的计

---

① 胡乐乐，肖川：《再论课程的定义与内涵：从词源考古到现代释义》，《教育学报》，2009 年第 1 期，第 49～53 页。

划。（8）课程是学习计划。（9）课程是通过对知识经验的系统再现，逐步说明预期的学习结果，有意识地促进学生不断发展。

从以上概括不难看出，这些定义之间多有交叉且各有侧重。如前四种定义都在某种程度上将课程视为教学内容、学科和教材。第（5）（6）种定义则认为课程是学习的经验。而第（2）（7）（8）种定义同时认为课程是一种计划。最后一个课程的定义显然更强调课程的目标。

我国学者在吸收外国课程论研究的基础上，提出了多样化的课程定义。其中，《中国大百科全书（第二版，第十二卷）》收录了目前国内最为典型的三种课程定义取向。（1）课程是教学科目。（2）课程是预期的学习结果或目标。（3）课程是学习的经验和体验[①]。国内学者廖哲勋系统研究了我国课程论在历史上的范式转换，他基于课程改革和实践经验，综合提出：当代的课程不是知识，也不是经验，而是在一定培养目标的指引下，由系列化的课程目标、内容及学习活动方式组成的，具有复杂结构与运行活力的，用以促进学生各项基本素质主动发展的指南[②]。这一定义包含了多个方面的要点，它强调培养目标，即国家意志的引领；提出目标、内容、具体学习活动方式三个课程构成要素；明确课程的根本功能是育人价值。从上述课程定义可一窥国内对"课程"观念导向的动态变化。一是从关注课程中的"教"切换到课程中的"学"，即人们从传统意义上的聚焦教学方式、内容、进度切换到了学习者教育经验的获得以及获得的方式。二是在关注课程概念内涵的同时，也强调考察课程概念的外延，即人们开始关注课程结构要素引申出的功能和生成价值。三是课程的辐射范畴日益拓宽，即课程起于教育而不止于教育。这些发展变化也对重新定义和评价课程的内涵提出了更高的要求。

二、课程的定义方式与本质

根据研究者对全球教育历史文献的梳理，发现其中对课程的定义超过120种。[③] 如此多的定义一方面体现了"课程"是教育理论和实践中最为活跃的部门，同时也说明很难有一套众人公认且精准唯一的"课程"定义。不同的课程

---

① 《中国大百科全书》总编委会：《中国大百科全书（第二版）》第十二卷，中国大百科全书出版社，2009年版，第487页。

② 廖哲勋：《我对当代课程本质的看法（上）》，《课程·教材·教法》，2006年第7期，第7～14页。

③ 丁念金：《课程内涵之探讨》，《全球教育展望》，2012年第5期，第8，14～21页。

定义方式其目的在于界定课程的本质，"课程"作为一种在人类文化中创生的概念，正如其他文化现象一样，将伴随社会的发展不断被诠释。

一个概念的本质是什么，是自苏格拉底以来最为重要的哲学话题之一。而回归对教育现实的研究以及"课程"概念的探讨，"课程"的本质是否存在即是什么并非最重要的问题，重要的是，围绕对"课程"本质的探讨方式及反映"课程"指向的教育活动整体究竟表现在哪些方面最为社会所关切。因此，讨论课程的定义方式是对课程"本质"以及教育现实的有效回应。

不少研究者对课程定义的方式进行了分类，根据侧重点不同表达为学科、教学进程和计划、教学内容、学习活动的总和、教学目标等。其中，靳玉乐的分类方式较有代表性，它集中地表现了课程内涵和外延的主要方面，即将课程定义划分为这样五个类别：课程是学问和学科；课程是以书面形式呈现的教学活动计划；课程是学习经验；课程是预期的学习结果或学习目标；课程是一种文化的再生产现象。[①]

将"课程"视为学问或学科，是关于课程本质最早出现的一种解说。在我国古代，"课程"一词还没有正式登场，就已经有了"六艺""六经""四书"等以分科为特征的教学实践。到了近现代，自然科学门类有了巨大的发展，而对于人与社会的研究日益细化，人们逐渐将各种知识进行门类划分。伴随着学校正规教育的兴起，知识门类以学科名称出现在教育活动中，分科教学正是这种传统的最显著表现。近年来，教育界对活动课程、跨学科课程等新兴课程种类越发重视，但是由于学校教育的强大影响力，"课程是学科"仍然深入人心。这种解读方式对于学校教育中的学生智育有着重大联系，它有利于把握学科内在的、学科之间的逻辑结构，有利于编写教材，安排学时以及开发课程资源。但是，这种课程观统领下的学科知识学术味太浓，对学习者的心理态度、情感反馈、价值影响等关注较小。此外，这种观点倾向于将课程视为约定俗成且缺乏变化的经典内容，却相应地忽视了教育教学活动的动态生成，也忽略了规定的科目外其他能够促进学习者获取经验的内容与形式。特别值得一提的是，社区教育对这种经典的课程观极力与其"划清界限"。课程即学科这一思想认识是开展高度规范化、标准化的学校教育所必备的前提。普通教育最重要的使命之一是使学龄青少年高效掌握公认的人类智慧结晶，以便使其具备进入现代社会或获得进一步深造的基本知识素养。而社区教育作为一种灵活教育、余暇教育，并不刻意强调永恒不变的知识性

① 靳玉乐，黄清：《课程研究方法论》，人民教育出版社，2012年版，第23～31页。

主题，更强调通过教育活动的整体影响助力学习者获得自我发展。因此，较普通教育而论，社区教育课程中潜在的延展性因素，教育活动中的情感唤起和价值吸引在被期待的教育效果中占有更大的"份额"。虽然社区教育课程极力摆脱普教化的课程观，但是不强调分科是否就等同于不强调知识性呢？在此将问题暂且搁置，后文进一步讨论。

"课程是书面的教学与活动计划"也是一种流行的观点。这种定义方式将教学的范围、序列、进程等囊括其中，并且试图包括更为具体的教学方法与技术设计。这种观点源自美国课程论专家泰勒，他在 20 世纪 50 年代提出课程编制的"目标模式"后该观点开始流行。这一套观念认为，课程这一组学习计划呈现在不同水平和层次的文件中，并在课堂上得以实施。[1] 这一课程观对我国的影响较大，很多专家、教师以及教育管理者在描述课程时，都将其与"规划"与"愿景"等大概念相提并论，默认课程的本质应当包括一系列有指向的行动计划，包括教学的目标、过程、评价，并最终落实在教育活动中。这种理念与教育管理的逻辑是内在同构的，因为"计划"可以指由政府制定的教育目标、学校的教务安排、教师的教学计划、学生的学习计划，以及教育研究者强调的"课程理念"。而这种定义方式的主要不足在于两个方面：其一语义较为含糊，作为计划的"课程"难以与教学计划、教学大纲等概念相区分；其二是灵活性欠缺，它关注课程的计划性、组织性较多，对于教育活动中"生成性"不加重视。并且其视野是基于教育者主体的，忽视学习者在课程中主体地位的积极构建。[2]

课程是预期的学习结果或目标，这一观点在美国教育界较为流行。这种观念强调课程的目的性，而不将课程视为教育的过程。进而言之，课程是由一系列预先设定的目标决定的，教学和学习的过程都是为了达到预期的目标。因此教学的内容、过程、评价都是以学习目标为基础反向导出。这样的"课程"具有较为浓厚的行为主义背景和"科学管理"思想因子。固然，目标导向的课程观使得教育教学的具体实施提供了清晰的方向及评判的标尺，但是其不足之处也同样明显。其一是实际结果与预期之间的偏差往往不可避免。由于课程编制、课程实施、学习者学习等各个实践环节均存在信息传导的扰动和衰减，在专家研制课程、教师理解课程、教师实施课程到学生学习课程的过程中，以目

---

[1]　杨明全：《当代西方谱系学视野下的课程概念：话语分析与比较》，《比较教育研究》，2012 年第 3 期，第 62~66 页。

[2]　赵文平：《论课程作为教育过程中生成的文化事件——基于复杂科学理论的审视》，《当代教育科学》，2012 年第 5 期，第 18~21 页。

标确立的理念课程在实际教育活动中已发生较大变化。其二是将课程视为一种预期的结果或者目标，忽略了教师、学生的身心状况和人格特质以及环境的影响，将教育活动的复杂性过度简化。

"课程即学习的经验"是一个较有人文关怀的描述。这种课程观的直接来源是杜威的实用主义教育理论。他认为，教育是经验的改造或改组，课程应当与儿童的经验相联系，应该是活动性的经验性的主动作业，强调学生应该从"做中学"，因而教师在学生的学习过程中并非主导而是引导。由此可知，这种课程观强调学习者教学活动中个人的体验与经历，强调知识转换为个人经验，突出学习者在课程中的主体地位，即学习者本人就是课程的组织者与参与者①。第一章已经详细阐述了实用主义哲学和终身教育思想之间的关系，这种课程观与社区教育实践中的课程价值取向一致度较高，与学习者对终身学习追求的本质也比较贴合。

课程即文化的再生产，是一种教育社会学视域下的分析。它强调文化促进课程的发展，课程也促进文化的发展这一理念。具体地说，课程通过梳理筛选、组织编排等方式，将人类文化中最有价值的精华部分加以重组，形成可被学习者接受的、具有自身价值的文化产物，并通过自身将上述内容加以传递，进而完成文化的传递和文化的再生产。而这一课程观与终身教育思想中融合社会文化与社会资本、社会治理的要旨相吻合，也是社区教育扩大"课程"范畴，创新实践教育项目探索的理论动力来源之一。

三、社区教育课程概念的显著特征

上述五种"课程"定义的方式从各种维度诠释课程的本质，大致取向包括：强调课程文化知识的学术取向；强调课程能效的技术理性；强调个人经验的个人主义倾向；强调适应和改造的社会化立场。这些课程定义的取向中，有的源自学校教育和学科教育的立场，探讨正规教育的课程内涵，不完全适用于描述社区教育课程；有的则基于人道主义和社会与政治等维度，探讨教育和课程的广义属性，与终身教育思想的指向和社区教育的现实较为相合，但这些定义方式在自身证成和教育实践维度也存在一定的不足。正因课程概念本身的复杂性，当前并没有一套完全符合社区教育中现实存在的各种

---

① 从立新：《知识、经验、活动与课程的本质》，《北京师范大学学报（社会科学版）》，1998年第4期，第6页。

"课程"理念公认的定义方式。虽然直接规定社区教育课程的"本质"很难，但不妨"退而求其次"，将社区教育的课程与上述典型的课程定义方式相比照，排除社区教育课程不是什么后，则可逐步厘清社区教育课程概念可堪探索的路径。

第一，社区教育的课程不是"学科"。社区教育课程并不具备普通教育课程在建构上特有的一套逻辑严密的体系。以中学教育为例，"数学"科目要按照中学数学教学大纲实施教学，在内容组成上是由精心选择的代数、几何、概率、统计以及数学分析学中的部分知识建构。并且，由于知识点前后的逻辑关联，学习者要严格按照顺序，超过大纲的知识点则被排斥在学科之外。在学科与学科之间，也存在显著的逻辑关系，如学习高中物理需要学习者具备一定的数学知识基础。在普通高等教育中，学科体系的逻辑严格程度依然不减。"学科"被更加严格划分为三级学科体系，同学科或相近学科中的课程之间则以"先修课"等概念确定逻辑关系。比如，在大学本科统计学类课程体系中，学习"回归分析"要求学习者先修完"微积分""线性代数""概率论""数理统计"四门课程；而在这四门课程之中，"概率论"课程的学习又以"微积分"为基础；"数理统计"又以"微积分"和"概率论"课程为基础。而社区教育的课程则倾向于以"学程"或"系列集群"表述课程"体系"，即将多样化的学习内容以主题词为线索加以概括。例如，"健康养身""生活常识""文体艺术"等就是社区教育中常见的课程归纳概括主题词。这种概括得以通行的实质在于社区教育课程类别内容的高度丰富性，每一个主题词对应的"系列集群"中存在着松散的而多层次的细部结构。

第一，一个"系列集群"是由具体学习内容和对象在常识上可被归为同一种类课程的集合。在这个松散的集合中，又由具有一定内在联系的各门类具体课程组成一定的课程类别，彼此之间并无严格的逻辑序列关系。如，名为"艺术技能"的社区教育课程大类可能包含西方绘画、中国画、硬笔书法、软笔书法等；"西方绘画"课程中包括较为基础的"素描"课程系列，以及建立在此基础上的油画、水彩等，而"西方绘画"与"中国画""书法"之间并不具有逻辑关联关系。

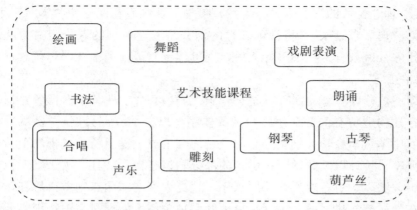

图 4-1 社区教育中的艺术技能课程的体系结构示意图

以社区教育中的艺术技能课程的体系结构为例，如图 4-1 所示，我们从示意图可进一步发现，社区教育实践中常常被归于某一"体系"的课程并不具备严格的内部逻辑结构，并且这一体系的名称以及范畴大小，可以根据日常语言表述的方便和应用场景的差异做出调整，具体表现为课程体系主题词的可变性，在不同的场合，不同的课程可以灵活归为一个类别，这与普通教育中学科名称以及范畴定义严格，学科内部课程形成严密逻辑体系的状况完全不同，因此，社区教育课程"体系"实际上是根据其内容，通过主题词概括形成的索引。它具有体系化的外部形态，但不具有严密的内在逻辑。这种"体系"可供社区教育教学管理服务归类、分类、检索之用，但并不代表每一门课程在其知识上的相对位阶和学习难易程度，即课程之间不一定具有衔接和递进的关系。

第二，社区教育课程不是"教学计划"或"预设目标"。前文已初步探讨"教学计划"和"预设目标"课程观所蕴含的某种机械化的行为主义的因素。这种取向对于解读学校教育中的课程尚有局限，更不用说对于绝大多数受众是成人的社区教育课程。不可否认的是，知识性、技能性内容的学习是社区教育课程中的必要环节，但是由于社区教育所具有的非正规教育特征和非正式学习的因素，导致其学习结果不易评估，自然也不被作为一种选用人才的控制手段。因此，社区教育课程在设计实施的各个环节虽然也具有"计划"和"目标"的属性，但相较于学习者个人经验的生成与获得，这两种属性在社区教育课程的理论建构中并不突出。

第三，课程即学习经验，课程即文化的再生产。这两种课程观分别与终身教育思想两种主要价值取向有着密切的关系。前者是由联合国教科文组织倡导的人文主义取向的终身教育范式，它强调维护人性的尊严，关注人的幸福与生存状态，重视人和人的价值，把促进个人才能最大限度地发展作为教育目标；而后者则是一种"社会—政治—经济"三位一体取向的终身学习观，虽然这一派别的终身教育观也重视终身学习对人发展的价值，但更强调终身学习对经济增长、经济竞争、社会融合、社会发展的影响，突出人力资本和社会资本的提升以及社会文化的生成①。而这两种课程观虽然暗合终身教育思想以及成人学习的基本特征，突出强调社区教育课程的现实性和问题导向，但其局限性也显而易见。将课程视为学习经验，是从学习者整个学习生涯的高度来把握的，对于理解学习的本质属性具有重大现实意义；但是在具体的课程设置和实施中，突出强调个人化的经验将使得教学过程中的直接经验与间接经验人为割裂，不利于学习者掌握系统化的知识。此外，由于每个学习者的生活历史背景不同，课程难以精确传递到"每个人"经验获取的最佳路径，由此导致课程在实践中导向难以预测的各种学习结果，这也是社区教育课程建设的痛点。而将课程视为文化的再生产，无疑对重新理解教育和课程在社会发展中的价值功能有启发，这种观点对于帮助人们跳出教育看课程，对于社区教育课程观的发展至关重要。但是，如果认为教育和课程对社会文化的再生产是一个不加评判的过程，那么这样的课程观念就未免过于理想化和天真了。社会和人性的复杂对教育的社会功能同样有着重大的影响，由于教育和课程与社会文化现实不一定完全同步，尤其是在快速变化的社会环境中，课程所蕴含的文化锁定现象与社会文化现实相比，具有显著的超前性或滞后性②。因此，课程预设的社会价值往往在兑现过程中会"打折扣"，而将以服务个人成长为主，以非正规教育和非正式学习形态见长的社区教育课程认为具有强大的文化再生产效果，无疑有夸大效果之嫌。

综上所述，社区教育课程论尚需要从理论与现实维度同步深入研究。而当下实践中多元的社区教育课程形态内容如何统括呢？笔者认为，我国台湾地区学者蔡培村的解读较有启发。他认为，课程有广义和狭义之分，狭义的课程是根据逻辑进行严格编排的学科内容，偏向于制度性与规范性，多用于个人的正规教育，偏向总结性评价；而广义的课程则包括个体的学习，团体的学习以及方案。所谓的方案是一套精心设计的教育活动，多数提供的是非学分或非成套的学习项目，同时具有一定的弹性和可持续性，常用于描述成人教育、社区教

---

① 谷贤林：《终身学习思潮的理论基础与价值取向》，《比较教育研究》，2018 年第 12 期，第 55～58 页。

② 郝德永：《文化性的缺失——论课程的文化锁定现象》，《南京师范大学学报（社会科学版）》，2002 年第 2 期，第 77 页。

育，重在形成性过程。这一描述较为贴切地描述了当前社区教育中课堂教学、游学活动、主题型讲座等具有课程性质的教育活动并存的状况。而这样一种不强调考试、不灌输知识的教育行为如何能够在证明自身作为"课程"存在的合理性呢？这就需要社区教育课程的有关理论提供支持。

第二节　社区教育课程的观念和目的

一、学习理论的演进与传统课程观的困境

"学习"对教育和课程的重要性不言而喻，在一定程度上，教育就是如何激发和维持人们学习行为并最终取得学习效果的一种概说，而"学习"的存在则是"课程"得以成立的前提，有什么样的学习观，就有与其对应的什么样的课程范式。

人们对于"学习"的探索自古就未曾停歇，"学而不思则罔，思而不学则殆"是孔子对学习规律的朴素辩证而高度概括的总结。在西方，柏拉图最早提出了"回忆说"这一关于学习本质的理论。随着近代科学知识的爆炸式发展，教育不仅是传递人类文明精华的主要方式，也是维持社会分工的必要举措，如何将知识和文化恰如其分地"导入"课程并被人们充分获取其养分成为教育成败的关键，而对"学习"的认识正是重中之重。

关于学习的理论，主要回答这样三个方面的问题：第一，学习的实质是什么。更具体地说，是学习令学习者发生了什么样的改变，是形成了一种心理结构，还是一种经验的积累，或者是何种程度的结构和经验的共同增进。第二，学习是如何实现的，也就是说通过什么样的过程得到了学习的实质。第三，学习有哪些规律。即学习受到何种内外部条件的制约和影响，如何进行的学习方可谓是有效的。[①] "学习"行为是众多学科共同关注的交叉领域，包括哲学、心理学、社会学、教育学、认知科学等都从不同角度对人类的"学习"加以阐释，而对教育理念和课程观产生最大影响的当属教育心理学视野下的"学习理论"。百年以来，学习理论大致经历了从行为主义到认知主义再到建构主义的

---

① 赫根汉：《学习理论导论》，上海教育出版社，2011年版，第5~8页。

发展演变。其中，建构主义是社区教育等非正规教育中课程观的较为直接的理论基础。但要理解建构主义的要旨，不妨回顾学习理论简明演进的过程，以此理解建构主义面对的教育现实背景。

心理学从哲学独立出来与人们对学习的研究密切相关。1879 年，冯特在德国建立了第一个进行心理实验的实验室，成为现代心理学开创独立研究的标志性事件。冯特的理论主要包括这样两个特点：第一是要素主义，冯特直接研究人类的意识经验，他试图将人类的意识经验分解为无数个最小的基本经验要素的组合，并研究这些要素之间的联系和组合，即将经验当作类似于化学中的化合物那样的物质，试图将其分解为基本的经验"元素"。第二是内省倾向，他通过自我分析的方式研究人的意识经验，即让被试者在感觉到事物时同步获得当时的经验，这种经验是一种原始的感受，而没有经过被试者自身对事物的解释。这样的研究路径可以说是学习理论的开端，同时也是后继心理学家、教育学家不断批评和超越的锚点。

首先，同样源于德国的格式塔学派对冯特的要素主义进行猛烈抨击。他们认为，把经验拆分成"要素"不仅破坏了经验的有机结构，并且毁坏了经验的真实面貌。格式塔学派强调，作为整体的经验不是"部分"的简单加总，就如同将蛋白质拆解为氨基酸，其整体的空间结构就不复存在了。格式塔学派仍然研究学习的内部过程，但更侧重于强调学习活动引发的对于事物和情景各部分及其相互关系的理解，这是一种在头脑中组织构造的"完型"。这种观念意味着，学习不是"要素"或者"反馈"的线性叠加，不是反复试错的过程，而是通过对问题情景的考察，理解其各个部分的相互联系，并分析出制约问题解决的主要因素，进而发现通向目标的路径，即某种"顿悟"过程。

其次，对冯特的批判来自格式塔学派相对立的行为主义阵营。行为主义同意学习经验的构成需要研究"要素"，但不同的是，他们认为通过所谓的"内省"是无法发现"要素"的。行为主义研究的创始人美国心理学家华生（John Broadus Watson）认为，个人的外显行为是唯一可观察到的且可以测量的，可以用科学方法研究行为背后的心理投射。行为主义者一般主张，学习是在刺激与反应之间建立联结，通过反复尝试形成行为习惯或条件反射。个体在学习过程的唤起情景中发出各种反应，有些反应产生了好的效果，得到了外部强化，这种"良好"的反应就可能被保留；有些反应的效果不佳，或者无反馈甚至导致受惩罚，这种类型的反应则将在长期尺度下消退。总的来说，学习的效果就是个体行为发生概率的变化。

最后，格式塔学派是早期具有认知倾向的学习理论，而在与其论战的过程

中，部分行为主义者吸收了其中认知向度的观点，产生了较为折衷的学习理论，具有典型代表性的当属阿尔福特班杜拉（Albert Bandura）提出的社会学习理论，它既具有动作复现、自我能效等行为主义色彩的理念，同时也强调学习发生在现实的社会情境之中。20 世纪中叶，认知主义的学习理论逐渐进入兴盛时期，并主要呈现出两方面的发展演进。一是与格式塔学派密切联系的认知结构理论，它认为人的认知是一种整体的结构，而学习就是认知结构形成、发展和改造的过程。二是在计算机科学蓬勃发展基础上的信息加工理论，这种理论将人的学习行为与计算机工作原理进行类比，认为学习的过程正是信息的接收、转码、贮存、提取等流程。

学习理论的深度发展，为各类教育活动中的课程刻下了深深的烙印。行为主义和信息加工论的强势等折射出"科学"方法在社会中的流行，在这一时期的教育实践上，"课程"也成为与高度工业化的社会结构相匹配的文化现象，以这样一种面目出现：它有着清晰的学科定位，有高度逻辑体系化和密集而精炼的知识性内容，并且具有严密的教学计划和考核评价标准。这进一步强化了"学校"自近代以来的常规场景：学校是围墙中的一些教室，学生按照班级划分，知识渊博的教师面对所有学生进行授课，学生安静地听课并完成教师布置的任务，一个学段结束后再进行考试评价，学生完成学业后再进入各行各业工作或者在原有职位的基础上获得晋升。实践中"好学生"的标准则是听从教师的指导和管理，且能够取得好的考试成绩。

这种传统的学习观和课程观轻视学习和认知活动中应有的能动性，使教育教学发生一系列机械化、形式化的偏向，主要包括在知识的作用方面，将知识视为一种定论和僵死的教条。把课本知识和教师讲授的内容视为无需检验的定论，只需要接受、理解、记忆即可。被作为"绝对真理"知识的以课程和教师的权威压服学习者，好像只要掌握了知识，就可以直接灵活地应对各种现实中的场景。在学习的流向方面，认为人们的学习是单向度的、由外向内的过程。课程就是要将无需怀疑或者早已检验过的定论加以系统化的组织，再通过教学将这些知识装进学习者的头脑，即便是进行实验观察，也是为了用事实和现象强化学习者对这些定论的理解和记忆，而并非验证这些结论。在认知理解方面，这种观念轻视学习者的心理基础与差异。即在课程实施之前，将学习者对学习内容的"无知"作为不加批判的前提，认为他们只具有一些片面而零碎的日常经验，必须通过课程和教学才能把正规的、体系化的知识传递给学习者。这事实上剥离了学习者原有的生活经验，使从生活中来的对问题的解释和处理方式与课程中传递的系统化知识不能有效地衔接融贯。在实践导向方面，这种课程观念强调理论知识的吸收应用，将教育中应有的社会实践活动理论化、抽象化，只重视学习者对显性知识的掌握，而忽略隐性知识的潜在作用，传导至课程的实施上则表现为教学的简单化，即将事物从复杂的背景中隔离出来学习，将连续的过程当作离散的阶段，这一讲授形式影响了知识在情景中的有效迁移。

这一套学习观和课程观使课程在实施中导致了部分消极效果。一是使学习者在独立思考和自主思维方面有所欠缺。由于课程强调绝对的知识和严密的知识体系，教学就成为知识的搬运过程，学习者头脑中被不断植入一个又一个结论，而这些结论或命题都无需检验和置疑。如果学习者没有想通某个地方，则被怀疑是学习者的理解领悟力有限，而不是课程内容和教师的问题。在这种教学活动中，虽然教师也会向学生提问，但这种提问的背后往往隐藏着以课程大纲和教学计划为前提的"标准答案"，而这个答案早已存在于教师的头脑里。教师以评价者的身份衡量学习者的回答，此时的学习者并不是将所有精力聚焦于思考问题，而是揣测教师所需要得到的答案是什么，这种以别人的观念代替自己的判断的学习结果，可能会让学习者拥有丰富的知识而不具备独立的见解。二是思维能力的薄弱和知识迁移的困难。由于传统的课程重视将结论及其应用呈现给学习者，较为忽视得出结论的过程。因此，这种课程是以某种定论的形式传输知识，学习者被置于理解和记忆所谓"知识点"的地位，较少有水平较高的思维活动，这同时也导致了学习者较难产生广泛且灵活的知识迁移。由于学习者对知识的掌握停留在理解性记忆和基于有限的几个模式中的应用，就导致在现实生活中，学习者面对的问题、有关的条件和最终的目的都隐藏在情景之中，并且这些要素在不同的情景中以相异的形式出现，并不能套用现成的，用特定命题表述的知识。最终将是学习者不会学习，不爱学习。在这种课程观指导下的学习者只是接受课程中从人类知识中被精心筛选规范的某种定论，而教学又进一步地将定俗分割为要点的组合，这一过程使具体的学习远离了学习生涯整体的目标任务，课程成为更细碎的知识组合，于是学习变成了机械化的重复，学习者不清楚为什么要着重学习这一知识，而不是学习另外某一知识，进而磨灭了学习者原该有的好奇心，并促使学习者放弃自我监控与调适，完全成为课程的"傀儡"。

这套课程观的长期流行在正规教育体系中造成了系列深远的影响，仅对学习者的影响来看，部分学习者成为"书呆子"，完全服膺于课程所限定的知识框架，只会从学习活动中滋生出教条和迂腐；而在另一个极端，由于个别学习者拒斥这套学习观和课程观，在以学业成绩为人才标准的筛选过程中又处于劣

势，进而影响了自身发展，对学习者终身学习的态度带来长期的不利影响。

在社区教育的场域中，由于绝大多数的教育服务对象是已经有丰富的生活经验，并且具备多元化且相对稳定的世界观的成年人，"普通教育化"的课程思维和课程形态将直接遭到成年学习者更为明确和坚决的拒斥。一方面，社区教育课程对"经验"的要求较校内的正规教育课程更高。① 这是因为课程并非一般意义上的经验，而是具有教育意义的经验。如前论述，在正规教育的课程中，"经验"往往是服务课程中的"知识点"而刻意雕琢的配套材料。例如，中学物理课在静力分析有关课程中，常以"停留在粗糙斜面上的木块"为经典例子做受力分析，这种"经验"不具生活化色彩；而成人学习者已具备了相当的认识基础，这要求社区教育课程不仅需要具备呈现前人在历史上积累的、间接性的经验，更要求课程符合学习者亲身体验的直接经验，以及各种情感的、环境的非文本型知识。另一方面，作为一种不以学历为主要目标的成人教育形态，社区教育课程需要更加显著的统整性。完整的课程包括外显的课程和内隐的课程，其中外显课程的存在形式非常具体，以大纲、计划、教材等形态出现，但这些却不是社区教育课程吸引成人非学历教育学习者的关键因素；相反，不同于传统的课程要素，内隐的课程是社区教育学习者更为关心的领域，即通过教师与学习者、学习者相互之间的有意无意的互动生成价值。这也回应了社区教育课程弱化学科界限，强调理论、经验、情感、意志等多方面综合的实际取向。

二、人本主义的课程观念

在西方，传统的学习和课程观念于 20 世纪 60 年代迎来一系列批判，心理学中出现的人本主义思潮是这股风潮的第一波高峰②。人本主义反对把人还原和分割为各种要素，主张研究整体的人。它默认的前提是，每个人都有自我发展和自我实现的潜力和动力。在学习观上，它认为自我实现是学习成为可能和取得实效的基本原因，并从学习者的自我参与、自我激励、自我评价和批判解释学习的动力过程，延伸到课程目标中。人本主义的课程观认为，课程的目的在于培养"完整的人"，即动态的过程中的有创造性的人，即情意与认识、感

① 郝德永：《课程的本质主义症结与"合法性"危机》，《教育研究》2007 年第 28 期，第 29~31 页。

② 肖爱芝：《对人本主义心理学思想的诠释》，《教育研究与实验》，2009 年第 2 期，第 71~74 页。

性与知性、情绪与行为相统一的人。同时，这种课程的目标又具备一定的开放性，它并不刻意要求学习者的学习成绩，也不要求学习者的学习效果实现整齐划一，而是鼓励学习者自由充分的发展。人本主义的课程鼓励学习者自我实现，允许学习者自由表达、实验探索，通过错误和反馈发现自我，最终实现自我。

在内容的呈现上，人本主义教育的旗手罗杰斯则认为，"适切性"的课程内容和统合化的内容组织形式最为适应于学习者的需要。① 所谓的"适切性"包括两个层面的意蕴，其一是课程内容要适应全体学习者的需要，与学习者的自身经验产生联系；其二是课程内容要适应每个学习者的需求，即和每个学习者生存的社会背景和社会经验相匹配，即实现课程内容的个性化。

在课程实施方面，人本主义勾画了这样一幅图景：学习者居于课程实施的主体地位，而教师只是学习者学习的促进者。学习者在教师的帮助下按照自己的兴趣和爱好选择课程的目标、内容与方法，并且独立思考，自主评价学习成果。教师则负责建构真实的问题情景，营造一种促成学习行为的心理氛围；并且提供课程有关的学习资源，协助学习者安排计划。而在教学的进程中，则强调课程的非控制与无计划的特征。

人本主义教育继承了西方的人文精神传统，即崇尚个人心智潜力与个性的和谐发展，同时也是对大规模工业化时代理性过度膨胀的一种回应：人并不是知识和机器的奴隶。终身教育思潮也于人本主义教育鼎盛的年代兴起，毋庸赘述，终身教育思想要求学习和课程以全面服务于人的终身发展为目标，这与人本主义的课程观在理念上同构，反映了当时社会环境的变迁，其影响也绵延到现在。今天的社区教育依然倡导通过各类课程服务市民各自多元化的终身学习需求，这是一种人文精神集中体现，是社区教育对精神文明建设的宝贵贡献。但是，人本主义也有其固有的局限性。在理念形成上，人本主义教育仰仗"人性"本位，强调课程服务方面实现"人的完善"。然而，人性是什么，是一个永恒而没有定论的课题，我们从不同的角度和方面，都能够对"人性"做出一定的解释；但是何谓"完善的人"却是一个在理论和实践上都无法完全概括的命题。因此，以这一目标为锚点的人本主义在教育目的上具有相当的主观性和模糊性。由于每个人对事物的认识不尽相同，人生的追求也千差万别，使得人本主义观念下的课程更多的是一种理想化的感召，无法对教育现实中的课程和

---

① 化得福：《论罗杰斯的人本主义教育思想》，《兰州大学学报（社会科学版）》，2014 年第 42 期，第 152~154 页。

教学给出切实可靠的指导；过分强调"自我实现"的价值，片面突出"个性发展"使个人本位成为整个课程环节的绝对中心，忽略了人作为社会动物生活在群体中的基本现实，对社会应当并实际上通过课程对学习者施加影响的客观状况熟视无睹，对学习者的全面发展反而不利。正如人本主义课程观在轰轰烈烈兴起后旋即受到人们的质疑一样，人们发现，人本主义课程观最终的效果并不尽如其理论假设那样理想。同样，当前社区教育课程中间或存在的完全个人本位的课程理念现象同样值得反思。例如，一些课程为了片面地迎合学习者的兴趣特点，而降低了课程应有的知识容量，重视情景的构建试图唤起学习行为，恰恰忽略了课程之中是否真实发生了有效的学习。

三、社区教育课程的目标分层

从上述讨论可以看出，透过不同的课程观视野，社区教育的课程所要实现的目标有多个维度，课程的目标包括知识向度的目标、个人发展向度的目标、社会控制的目标等。而这些目标的实现并不在同一水准上。如知识向度的目标与教学和课堂的关系较大，而社会控制目标与课程的整体设置及课程的社会背景关系更为密切。这表明，正如课程有宏观、中观、微观上的定义，课程目标是一个具有分层结构的概念。从纵向结构上看，社区教育课程目标的确定由更高水平层次上的社区教育的目的指导，也与同一水准上的教学目的互为补充，同时也共同指导着社区教育具体实施的教学目标，如图4-2所示。

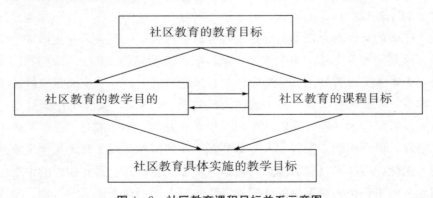

图4-2　社区教育课程目标关系示意图

（一）社区教育的教育目标

教育目的即教育宗旨或课程总体目标，它反映着特定社会对其合格成员的基本要求和期待，与社会最基本的价值观一致。由此可见，教育目标一般有着较强的哲学色彩和显著的社会政治导向。这一层次的目标通常被写进教育法规或者重要政策文件中。作为宗旨的教育目标在宏观意义上对课程产生指导，同时对课程产生很强的影响力，它泛化地渗透在课程的每个方面。

在我国，能够一贯地体现社区教育宗旨的是党和国家对成人教育定位的转型和对终身教育及学习型城市建设的系列重要部署。1993 年中共中央、国务院《中国教育改革和发展纲要》首次确认，"成人教育是传统学校教育向终身教育发展的一种新型教育制度。"1995 年《中华人民共和国教育法》第十一条规定，"建立和完善终身教育体系"。1999 年中共中央、国务院《关于深化教育改革全面推进素质教育的决定》要求，"逐渐完善终身学习体系"。党的十六大首次在党代会报告中明确提出："形成全民学习、终身学习的学习型社会，促进人的全面发展。"党的十八大以来，中国特色社会主义进入新时代，以习近平同志为核心的党中央更加重视终身学习体系和学习型社会建设，党的十八届三中全会审议通过的《中共中央关于全面深化改革若干重大问题的决定明确》指出："拓宽终身学习通道。"党的十八届五中全会审议通过的《中共中央关于制定国民经济和社会发展第十三个五年规划的建议》更加具体地勾画出："建立个人学习账号和学分累计制度，畅通继续教育、终身学习通道。"党的十九大报告强调"加快建设学习型社会"。党的十九届四中全会审议通过的《中共中央关于坚持和完善中国特色社会主义制度、推进国家治理体系和治理能力现代化若干重大问题的决定》指出："构建服务全民终身学习的教育体系……发挥网络教育和人工智能优势，创新教育和学习方式，加快发展面向每个人、适合每个人、更加开放灵活的教育体系，建设学习型社会。"党的十九届五中全会审议通过的《中共中央关于制定国民经济和社会发展第十四个五年规划和二〇三五年远景目标的建议》指出："发挥在线教育优势，完善终身学习体系，建设学习型社会。"党的二十大报告中明确指出，"建设全民终身学习的学习型社会、学习型大国"。

从终身教育和学习型城市建设政策的历史发展可见，我国对社区教育的教育目标的界定从"成人教育的一种转型"演进为学习型国家和学习型社会建设的重要实践方式。2016 年出台的《教育部等九部门关于进一步推进社区教育发展的意见》就明确阐明了发展社区教育与支持终身学习、学习型社会建设的基本关系。这些政策文件共同指向社区教育的课程的两大方面目标，一是服务学习者个体的终身学习需要，促进国民综合素质的提升。二是从社会面整体出发，为全面建设社会主义现代化国家深度开发人力资源和形成更加良好的治理环境服务。

（二）社区教育的课程目标

在党的一系列方针政策指导下，社区教育课程的服务范畴则更加明晰。当前的社区教育课程是基于成人扫盲教育和学历补偿教育任务基本完成的前提下，旨在促进成人生活质量提升和个人素养增强的非学历教育①，最为常见的是开设在居民"家门口"的各类余暇教育服务。这类课程的内容非常丰富，不仅包括文学艺术、戏剧影视、绘画书法、音乐舞蹈、健康养生等，还有体育、服饰、烹饪、阅读、朗诵、社交，可以说无所不包，学习者有什么样的正当学习需求，理论上就存在此种内容的课程。

这些多样化课程的目标主要包括这样几个方面。一是通过各种社区教育课程形态，引导学习者积极参加社会实践，提升自身素养。尽管社区教育的学习者已经有了相当的知识积累和成熟的生活技能，但是为了应对不断变化的外部环境和满足自己多元化的兴趣，学习者需要社区教育的课程服务作为其乐享生活的持续补充。二是通过课程涵养学习者的公共精神。公民的素养养成通过专门的教育和课程是不现实的，而社区教育课程则是提高学习者理性能力和道德水平的良好桥梁。这是因为社区教育从教育角度看天然具备的社会属性能够赋予学习者以平等自主的交往空间，学习者与教师之间的地位更加平等、学习者之间不存在显著的竞争色彩，学习者并不以选拔性的学业成绩作为学习成效的标尺。而作为社会事业的社区教育则鼓励学习者关注公共事物，参与公共生活，通过学习形成学习者之间、学习者和社区之间的纽带，从而激发社区的活力。

（三）社区教育课程的具体目标

正如前文所讨论的那样，不同于普通教育中的课程呈现是以学科和专业为线索，社区教育课程往往以某一领域或某种专题的形式出现，课程体系之间不存在严密的逻辑性。这与社区教育服务对象的广泛性和需求的丰富性密不可分。不论年龄、性别、职业、受教育程度的差异，所有社区居民都可以成为社区教育的服务对象。例如一位已退休的高级工程师和一位未就业的大学毕业生可以同时出现在同一个学习花鸟画的班里，这种年龄和背景的差异致使社区教育教学难以制定刚性的培养目标和教学方案。而社区教育课程内容的覆盖面则使总体上明确社区教育课程的内容更加不可能，知识性为主的课程与体验性、技艺性的课程在具体的课程目标上不具备可比性。

---

① 艾兴：《成人教育的课程理论》，人民出版社，2014年，第93～94页。

　　虽然社区教育课程的主体形态多元，但作为一种独立的教育形态，社区教育课程在以正规教育课程具体目标为参照中可以得出部分共通之处。

　　首先，是知识目标。社区教育课程并不试图给予学习者抽象而系统的学科知识，而是突出跨学科的体验性和方法性的知识。跨学科并不是简单地将已有的体系化的学科内容进行简单加总，而是从某一主题或者问题出发，内在地统整了知识、个人、社会的关系，突出课程设计的综合和非专门化的特点。体验性知识尤其强调直接经验和感受，重视学习者的问题意识和思考过程，而非唯一的标准答案。这一点与方法性知识的要求类似，因为作为内容的知识是不断变化的，复制知识并不能作为教育的最终要旨；但作为方法的知识具有相对的恒常性，它被认为是现代教育的基础学习力，是获取知识本身的能力，这也正是社区教育和终身学习服务于人的素质提升的基本落脚点。

　　其次，是态度目标。不同于传统课程观念受理性主义束缚所表现出的以"学问传授"为尊，社区教育课程重视学习者的意义获得和精神世界，强调在自我关心、平等互助、共同参与发掘学习的价值，解决身边的现实问题，加强对自身、他人、自然和社会的理解。因此，社区教育课程在态度方面更强调持续激发学习者的兴趣和热情，维持学习者的学习动机。不同于传统课程观中通过情感态度的引导从而保证较高学业水平，社区教育课程目标在促成学习之外，更重要的是改善学习者的生活本身，包含其外在环境和内心的体验，形成学习者乐观的生活态度和对社会积极正向的响应。

　　最后，是能力目标。不同于普通教育课程要求学习者快速建构完备的知识和思维体系，社区教育课程在认识能力方面强调提升个体在已有知识背景和认知结构之下有效处理信息的能力。例如一些贴近社会生活的主题课程（如医疗保健，金融防骗等）就是为学习者补充现实生活的决策参考。在创造能力方面，社区教育课程常跳出既定的框架，根据学习者的需求或预想组织学习材料和活动，重视非智力因素的培养，这在一些活动型、技艺型课程中体现较充分。在思考能力方面，社区教育课程不再追求标准答案，而是鼓励学习者找到自己能够融贯的解释，鼓励学习者积极参与和讨论，保持始终活跃的精神和思维状态。

第三节　建构主义学习与课程观念

一、社区教育课程的知识与学习观

从学习观的演进到社区教育的目标结构，集中而突出地回归了社区教育区别于传统正规教育的一个核心问题：即对知识和学习的认识不同。社会中存在着所谓的"书呆子"——这样的人一定是读了不少书，学习了不少知识，但是却"呆"了；而社区教育中的一些课程和讲座被认为虽没有知识上的"含金量"，但是却能给人们在认识上留下鲜活生动之感。这种对比来自个体知识自我证成的不同维度。以下从这三个理解知识的维度予以展开。

第一，陈述性知识和程序性知识。根据知识的状态和表现方式，知识可被分为陈述性的和程序性的。陈述性知识是人们理解的狭义知识，它说明事物、情况是怎么样的，是对事实、定义、规则、原理等的描述，具有静态的特征。[①] 它是个人有意识的信息提取，因而可以直接加以回忆和并且可以明确描述。而程序性知识是关于怎样完成某项活动的知识，包括如何推理、决策或处理某种特定问题。这种知识体现在实际生活之中，而且只能通过个体的实际行动才能判断是否被掌握。它具体表现为面对一定的问题情境时能够被激活，进而被执行，而这一过程几乎是自动的，不需要太多的意识。[②] 例如，书法学习者在感知到毛笔笔锋的特点后能够自动调整运笔力度实现"听话"的书写，就是书写程序性知识掌握的表现。相较于正规教育，特别是中小学教育强调对陈述性知识的掌握，社区教育课程对程序性知识的敏感度更高，而程序性知识是在陈述性知识基础上发展起来的，个体将现实情景中的目标与陈述性知识相联系并实现问题解决。这既与社区教育学习者具有更丰富的生活经验相一致，也对社区教育课程知识的构成提出了新要求。

第二，事实性知识和理念性知识。在认识论意义上，知识兼具客观性和工

---

① 杨玉东：《陈述性知识与程序性知识的教学策略》，《天津师范大学学报（基础教育版）》，2010年第 3 期，第 18~21 页。

② 任洁：《学习策略与程序性知识迁移关系的研究》，《应用心理学》1998 年第 2 期，6-11 页。

具性双重性质。事实性知识表征于客观世界的描述，而工具性知识却作为解决问题的工具。任何知识都具有这两个方面的性质，但是这两种性质在不同类型的知识中显现的程度并不一致。事实性知识即呈现客观世界的事实性描述，能够在客观世界中找到直接对应，例如，白砂糖尝起来有甜味。这类知识往往具有更大的确证性，能够直接在现实生活中与有关的经验对应进行验证。这类知识的传授在传统课程中被放在突出地位，但反面观之，这种知识在批判、改进、发展方面就没有多少余地。掌握大量的事实性知识可以称得上是"博学"，但并不一定代表"智慧"。理念性知识则是人们为了解决某种类型的问题而建立的观念性构想，它以问题为中心，往往在客观世界中没有直接的对应物，比如人们用"博弈论"来解释人与人之间的关系与互动演进。这种知识作为一种"构想"，具有较大的改进余地，对于学习者而言则要求更开放、更复杂和更高级的思维过程。这也是社区教育课程在知识指向上区别于传统课程的重要特征，即以问题、主题为中心线索，而非铺陈全面的知识体系。

第三，结构完善领域的知识和结构不完善领域的知识[1]，根据知识及其应用的复杂多变程度可对知识的结构做区分。结构完善领域的知识表现为领域内的问题较为规则和确定，解决这些领域内的问题通常有较为明确的规则，可以套用公式或法则就能得出标准答案。而结构不完善领域的知识则包含这样的特点：一是概念的复杂性，即在应用此种知识的实例中涉及多个概念和"知识点"；二是实例之间的差异性，即在同一类别的各种实例中，所涉及的概念并不相通，且概念之间的关系也各不一致。结构不完善领域的知识在现实生活中广泛而普遍地存在着，学习者只能根据具体情况，以原有的知识为基础，在特定的具体情境中建构理解和解决当前问题的办法。进一步地，根据掌握结构完善领域的知识和结构不完善领域的知识的侧重程度，学习被分为初级学习、高级学习以及专家化知识学习三个阶段。其中初级学习对应着以学习结构完善领域的知识为主的阶段，即以概念、技能为基础，通过大量识记、练习和反馈加以巩固，与传统课程观念和教学观念吻合；而结构不完善领域知识的学习则是以理解以知识为基础的相互关联为核心，在教学或自我学习上适用于"师徒式"的引导演练而进行的，着眼于知识内在关联的变通和内化；而在专家化的知识学习阶段，学习者头脑中已经内化了大量图示化的知识模块，他们能够根据经验，如同专家那样灵活处理问题，并深化图示的发展。这也正启发了社区教育如何服务学习者终身学习的教育实践：即重视情景，创设多种维度的学习

---

① 黄磊：《高级学习：内涵、问题及实现路径》，《江苏教育研究》，2022 年第 11 期，第 3～6 页。

环境服务学习者对高级学习和高级知识的需要。

由上述分析不难看出，重视程序性知识、强调专题与主题、构建现实情景等知识观与学习观的发展指向基本符合当前社区教育的实践动态，即建构主义的学习和课程观念。

二、建构主义课程观概述

终身教育思想起源于现代成人教育实践，而成人教育实践则深受建构主义的影响，特别是以社区教育为代表的成人非学历教育，其课程观念留下了建构主义的深深烙印。建构主义是一个庞杂的理论体系，人们可以在当代诸多的学科和流派中发现建构主义的身影，它是一个聚集了心理学、哲学、社会学等领域和理论的学术阵营。在《教育中的建构主义》一文中集中汇集了教育领域理论流派对建构主义的各种讨论，并认为在教育领域内部中亦存在多种倾向各异的建构主义。[①] 作为一套来源广泛的观念体系，建构主义对社区教育课程观念贡献了相对贴切的理论与实践桥梁，并且有着强烈的启示作用。

（一）知识观

在对待知识的问题上，建构主义并不否认客观上存在一个真实的世界，但是又在一定程度上对知识的客观性和准确性提出质疑。它不承认语言符号与客观世界具有对等性，并且由于对认识对象的认识永远处在过程之中，从而否定科学知识的永恒性。这种知识观强调，知识仅是一种对现实的解释和假设，并不是所谓的最终答案。而且，知识并不能精准地概括世界的法则，并不能被"拿来就用"，而是个体基于自身独特的信念和经验为背景，在具体情景中进行再创造，通过积极主动地与环境互动，建构自身对世界的独特理解。这也意味着学习者可能会对同一事物对应的知识信念等有着多元而非一致的理解。这是因为建构主义中知识生成的"积极互动"与传统知识与课程观中客观主义的"积极互动"所指不同。后者指学习者主动与客观环境相互作用，目的是将客观世界的内容输入大脑之中，默认人脑中的认识结构与外部世界的信息结构同构互通。而所有类型的建构主义中所称的积极互动则是指个体在认识过程中应用自身已有的知识和知识结构，使新的知识和原有的知识结构发生作用的过程。

---

① 莱斯利·P. 斯特弗，杰里·盖尔：《教育中的建构主义》，高文译，华东师范大学出版社，2002年版，第5~6页。

（二）学习观

在学习观上，建构主义从词源角度就展示出了其概貌。"建构"的英文词为"construction"，从词根上看，"con"即有"共同""合作"等义项；而"struction"则有"建造""生成""组织"等意思。因此"建构"本身表示"共同生成""协同组织"等意义，这也是建构主义学习观的高度浓缩，即学习不是教师向学习者的单向传递，而是学习者自己构建自身知识的过程。更为具体地说，建构主义的学习观具有几个方面的显著特点。

第一，学习是个体意义建构的过程。学习不是简单地将知识从外至内的灌输，而是将新的经验与原有的知识经验进行双向的反复的相互作用，以此形成、丰富和调整自己的认知结构。一方面，学习者对当前知识的理解吸纳是以原有的认知结构为基础的，学习者在对新信息的理解会超越外部信息本身，表现为"同化"的过程；另一方面，学习者也将通过对新知识的学习，将原有认知结构中的不融贯部分做调整，使之兼容新的信息和新的知识，即"顺应"的过程。而"同化"和"顺应"的统一指向一个隐藏的前提，即学习者的"建构"是一种主动行为。而由于每个人具备各自不同的认知结构，这种"建构"也成为个人的、独特的心理过程，其创造性和生成性无法由他人替代。形象地说，传统意义上的学习和建构主义的学习之间的差异类似于"输血"和"吃饭"，前者是将知识、技能、态度输入到学习者脑内；而后者则需要学习者用自己原有的知识结构和认知能力咀嚼新的信息，并消化吸收成为自身有机体的组成部分。换言之，学习是学习者的一种主动行为，既具有改造功能，同时包含由于新旧经验冲突而引发的概念转变和结构重构。同时，正如人们吃东西时能够自行决定吃什么，怎么吃；也能感受到吃好没有——建构主义下的学习也是一种自我监控和反思的过程。学习者不断监督自己对知识的理解程度，判断理解的进展程度和自身目标之间的差距，并自主采取各种帮助理解和吸收的策略。同时，学习者还要不断反思吸收自身和他人见解中的合理内容，批判性地发展自身的思维。

第二，学习具有社会性。不同于大多数学习理论着眼于个体的学习机制，默认学习只是发生在个人身上的由个体活动全部完成的行为。建构主义中的部分流派十分强调学习的社会意义。在社会性建构主义和社会文化知识论的框架下，关注社会化的学习，学习和知识作为一种社会文化现象得到了人们的充分尊重。皮亚杰的个体认知建构主义认为，个体与其他学习者之间的相互作用对个体的知识发展具有重大意义，在面对作为整体的社会文化时，个体通过已有

的人类文化之间的相互作用，可以大大促进自身知识的发展①。社会性建构主义则走得更远，它将社会置于个体的层面之上，在社会的角度而非个体心理学的角度看待学习行为。② 这一流派的观点认为，所谓的知识并不是个人的，而是属于社会的；学习是人的高级心理机能，而这种机能正有赖于社会性的交互予以内化，这也是所谓"高级学习""合作学习"的理论基础，即通过社会环境和群体性的社会化交互产生学习者认知结构的改变，从而提升其认知水平。这也正是社区教育课程实现自身价值证成的一条可资依赖的理论基础。表现在具体的课程观中，社区教育鼓励学习者通过小组、自主学习形式学习，通过"能者为师"等类似的机制将学习者之中某方面的"专家"发掘出来，鼓励学习者之间彼此交流经验，分享感受，达到知识共建的目的。同时，社区教育为学习者搭建开放的互动平台，除了学习者与教师和学习者相互之间的社区教育教学活动，还多引入专家、实践工作者参与其中，并且课程内容直接指向所在社区，构建出多元化的协作学习结构。

第三，学习具有情景性。情景性学习的观念突出教育和现实世界的联系。传统教育与社会之间的割裂来自其教育内容、教育过程等与真实世界的抽离。传统的学习、课程、教学观念基本认为概括化的知识是学习的核心内容，这些内容可以从具体情景中剥离抽象出来，让学习者脱离物理现实和社会实践背景进行学习，并且认为这样习得的概括性知识可以自然而然地迁移到各种现实问题之中。甚至，越抽象越具有普遍意义的知识被视为越"高级"。但是，现实总是具体而快速变化的，高度浓缩并忽略背景的知识有其局限。因而，建构主义者认为知识和智慧不应脱离具体的情景，只有通过实际应用才能够被真正理解，它们存在于可感知的、具体的活动之中③。并且知识和学习应该与情景化的社会实践联系在一起的，知识体现在实践共同体成员的活动和文化之中，学习者通过对共同体的社会实践参与而逐渐形成知识。学习过程最为核心的是，学习者能够理解特定情景中的限定规则，理解在社会互动和现实生活中实际存在的"条件—结果"关系，从而能够对自己的活动过程以及将达到的结果做出预期评估。从另一个方面来看，学习者也要洞悉情景之中蕴含的支持条件，理

---

① 李维东：《皮亚杰的建构主义认知理论》，《中国教育技术装备》，2009 年第 6 期，第 18～20页。

② 钟启泉：《知识建构与教学创新——社会建构主义知识论及其启示》，《全球教育展望》，2006年第 35 期，第 7～11 页。

③ Brown J. S, Collins A. , Duguid P. （1989）Situated Cognition and the Culture of Learning. Educational Researcher，18（1），32—48.

解它们能够从哪些方面支持活动和交互过程。因此，学习不单是接收一套脱离具体情景独立运行的概念与符号，而是情景之中的"限制"以及"供给"之间的调试过程。在非概念水平上，活动和感知比概括抽象的符号在认识意义上更为优越，这为某些行业领域中"师徒制"的学习模式提供了"合理边缘参与"等理论支撑，也为社区教育中的课程形式多样化提供了强有力的理论启示。如"居民议事会""市民游学""人文行走""社区夜话"等类型的社区教育课程实施形态，都十分重视学习和课程中的非结构性特征，力图使学习者进入可感的具体的情景空间。对于课程的情景性，建构主义的观点产生了体系化的多角度渗透。一是，课程中的学习任务情景应当与现实情景类似，课程组织的材料和指向的学习任务具有真实性，不能过于简化地处理。这强调学习过程是在真实或模拟真实的情景中进行的，并且面对的问题是真实的具体问题；同时，课程不应当过分强调学科分野，应当按照解决现实问题的路径，综合各方面的知识内容。二是，课程导向的学习过程也应当与现实中解决问题的探索方式类似。现实中的知识建构和问题解决往往是融为一体的，知识的真正获得并不是得到命题结论，而是问题解决的过程。因此课程并不是直接将准备好的现成结论传递给学习者，而是通过课程实施让学习者领悟到前人学习同样问题的过程，在获得正确结论的过程中，同时也关注到无效的，甚至错误的探索尝试。三是社会性的互动合作与情景化的评价反馈。在建构主义者的课程中，课程和学习在共同体中实现，学习共同体的参与者互相协作，并且与其他有关专业领域的、学习同类知识的共同体发生交流互动。而学习的效果并不用专门独立于课程之外的因素测评，正是在学习活动中通过解决具体问题本身就能够反映课程的质量和学习的效果。

（三）师生观

建构主义的学习观引向了一套不同于传统课堂的教学观念和师生观念。建构主义的教学不是简单的知识移植，而是提供有效的引导、环境和支持，帮助学习者在原有知识经验的基础上生长出新的知识经验。认知结构的生长是建构主义教学的本质目的，但这种过程只能通过学习者自己的建构活动实现。因此，课程指向的情境和内容是师生间互相合作的社会交往过程。

在此基础上，教师不再是处于课程中心地位的知识权威者，不应当带着知识主的"权威意识"对学生施加各种控制。在建构主义的学习环境中，教师是课程进程中学生知识意义建构的合作者、组织者、促进者。教师要组织学习者开展各种形式的知识形成活动，为学习者知识建构提供真实的情境，并且在教学活动中激发和保持学习者的学习动机和热情，为学习者提供知识建构的"支

架"，以此促进学习者的知识建构。教师应当为学习者提供主动作为的空间和机会，教学过程则是学习者建立新旧经验与知识之间的桥梁，从而使学习者对课程和教学产生内在需求，也使教师在这一过程中获得能效感的提升。

而对学习者的态度，建构主义重视学习者经验世界的丰富性和差异性。由于学习者并不是"一张白纸"，即使面对崭新的领域以及从未接触和处理过的问题，学习者也能够凭借以往的经验，依靠自己的判断形成对世界和问题的某种解释。而由于学习者经验的差异性，学习者针对特定问题形成的认识理解往往是多角度的。因此学习者自身本来就是一种宝贵的学习资源，学习者是自主的反思者和管理者。学习者应勇于挑战原有观点，主动置疑且进行实际探究并得出结论完成意义建构。在整个学习过程中，学习者需要自我控制、自我监控，不断反思自身对知识的理解程度，找出进展与目标之间的差距，并管控自己的学习进程。

三、建构主义的解读维度

建构主义是一套庞大的而内部具有一定异质性的理论体系，仅仅是教育中的建构主义，就有多种不同倾向的类别。从激进建构主义到社会建构主义，人们对知识和学习的性质认识有所差异，但这种差异主要是对知识的绝对性认识不同，以及对学习的社会性重视程度的差异。[①] 总体而言，建构主义认为知识是由学习者自身生成的；学习是一种社会性活动而非个体行为。除了对课程意蕴价值的重新厘清，建构主义也启发了多种教学思路和模式的形成。[②] 而这一套观念，是有其形成的历史背景和思想经纬。

（一）哲学视角

从哲学认识论角度看，建构主义是在 20 世纪中期以来在西方各种后现代主义哲学思潮涌动中产生的。随着结构主义、精神分析学、后结构主义等思想的兴起，理性主义、科学至上等观念受到强烈挑战。传统上，西方大多思想家将知识看作客观世界的摹写，是不以人的主观意识而转移的客观实在。这种认识论认为，现实世界独立于人们的认识而存在，而知识则客观地与这种存在同构，人们不仅可以掌握这些知识，并借助它认识改造世界。而建构主义的认识

---

① 徐斌艳：《激进建构主义的认识理论》，《全球教育展望》2001 年第 30 期，第 5~8 页。
② 张建伟，孙燕青：《建构性学习：学习科学的整合性探索》，上海教育出版社。2005 年版，第 74~88 页。

观则力图说明，不仅仅是被认识的对象决定了认识的结果，认识主体自身的认识结构和个体经验也对认识起到十分关键的作用。即认识是一个双向建构的过程，一方面主体的认识结构"同化"外部的信息，另一方面也因新的信息与知识之间产生"顺应"。在认识问题上，传统观念突出认识的"真"，而建构主义则关注认识中的"人"。因此认识过程最重要的内容并不是不断逼近事物的本质，而是认识主体不断形成对认识对象理解的过程。

建构主义所潜含的认识论导致了对知识属性维度的扩充。由于强调认识过程中主体的参与性，知识的社会性、生成性、情景性日益受到重视。知识不是静止不变的，而是在社会生活的历史长河中不断发展形成的。知识不仅是当前的现象，产生这种知识的背景、原因、历史形态都是其内涵。并且，现在的知识都是在人们过去的经验下产生的，而这些经验不可避免地要受到各种社会文化背景的影响。一个较为典型的例子是弗洛伊德的精神分析方法。作为一套心理治疗方法它在横空出世时曾得到广泛的推崇，但随后这套方法则招致了广泛的批评，其中最强烈的批评是称这套方法只适用于"当时西欧国家的中产阶级"[1]。可见，对事物的认识结果不能完全脱离当时的社会情境，从而许多知识也不可能是完全无关价值判断的。知识本身作为社会文化的一部分，其内容和表达不仅受到自身在知识体系中所处位置的影响，同时也受到社会文化对于知识体系的影响。这是知识社会性和情景性的一面。

从个体知识形成的过程来看，由于每个人的原始经验以及情感智力结构不同，使得信息与主体间的互动方式不同，因而认知的结果也有各种差异。就同一认识主体而言，随着接收信息的扩充和认识主体自身的发展变化，在不同时期就同一个问题也可能得出不一致的结论。从这个意义上说，知识的生成正表现在认识主体、对象和知识产出之间并非简单的线性对应关系，知识的价值也不仅在于结论，而是给人不断创造的"起点"。更进一步地，每一种知识都是个人的历史性知识，都可以通过被不断地解释和反思进入新的发展空间。

（二）心理学视角

从学习观发展的讨论中不难发现，20 世纪上半叶的心理学研究范式是以行为主义为主导，将黑箱式的"刺激－反馈"模式摆在核心位置。这种心理学的弊端无须再做赘述，针对于此，认知主义的心理学强调主体在认识过程中的重要地位，将主体的心理过程作为心理学的核心要素，建构主义则将这种心理

---

① 斯蒂芬·A. 米切尔，玛格丽特·J. 布莱：《弗洛伊德及其后继者》，商务印书馆，2007 年版，第 23~26 页。

学范式作为其基本观点。

著名心理学家皮亚杰提出了人类认知发展的四个阶段，并且描述了认识结构的几个基本概念，他一再强调认识主体的具身性，认识起于主客观之间的相互作用①。个体将刺激纳入原有的认识结构之中，就如同动物消化吸收营养物质一样，这是一个同化的过程。同化并没有改变原有的格局，但顺应则不同，个体受到刺激也可能会以调节和促进原有结构的方式适应外界的改变。通过同化和顺应的动态平衡，人的认识结构和认识水平将不断发展。而苏联心理学家创立的"文化历史发展论"传入西方社会后同样对建构主义的发展起到了极大的推动作用，并形成了"社会建构主义"流派。这种观念特别强调文化和语言等知识工具的传播。从上述理念来看，心理学对建构主义基本观点提供了丰富的理论资源，包括强调个体意义建构，强调意义建构中的个体差异性，并且突出广义的情景（包括历史、文化等）对认识的巨大影响。

（三）社会学视角

社会学对建构主义的贡献主要在于知识社会学对知识的界定、分类和检验提出了新的观点。知识社会学的先驱可以追溯到马克思，他认为："不是人们的意识决定人们的社会存在，相反，是人们的社会存在决定人们的意识②……意识的存在方式，以及对意识来说某个东西的存在方式，这就是知识③。"著名知识社会学家赫克曼（S. J. HeKeman）对此段论述的社会学意义做了恰如其分的评价：马克思为知识社会学给出了一条基本原理，即所有的知识都是由社会决定的。

20世纪初，知识社会学已初具雏形，人们开始从历史文化、社会心理以及现象学诠释学等角度研究知识形成的过程。它们都对传统上的知识二分法提出挑战。对于知识的分类，不同的领域有着不同的标准，概括起来大致有客观和主观之分，科学与人文之分，理性与非理性之分。不过，无论是哪一种二分法，本质上无非是将知识分为内容不受社会与历史条件制约的"纯粹知识"，以及受到社会和历史因素影响的"非纯粹知识"。随着科技发展引发的各种社会问题，在社会学领域，知识进行划分是否合理，知识划分的标准是否成立，

① 刘丽红：《皮亚杰发生认识论中的具身认知思想》，《科学技术哲学研究》，2014年第1期，第55~59页。

② 中共中央马克思恩格斯列宁斯大林著作编译局：《马克思恩格斯选集》（第二卷），人民出版社，1995年版，第82页。

③ 中共中央马克思恩格斯列宁斯大林著作编译局：《马克思恩格斯全集》（第四十二卷），人民出版社，2017年版，第174页。

科学知识具有的优先地位是否具有正当性等成为人们关注的问题，知识社会学也因此发展到科学知识社会学的阶段。

科学知识社会学为知识观带来颠覆性的变革，它向一般意义上认为科学知识具有无条件的普遍必然的有效性提出挑战。它对这种科学知识的内容观与实在性提出质疑，认为科学知识也是被社会构建出来的，具有人为属性。并且，科学知识社会学家还进行详细的辩论，认为一般意义上最为客观和形式化数学知识也存在社会建构属性[①]。尽管对知识的研究是西方哲学发展的一条主线，并且历代哲学家对知识的客观性和普遍必然性等问题做了深入的研究，但是在知识的相对性与非理性方面，科学知识社会学做了更为系统的论证。这一套观点的代表人物布鲁尔等提出"强纲领"的范式信条：以信念研究张扬科学知识的社会性，以实验室研究揭示科学知识的境域性[②]。其基本结论是，所有的知识都是由社会构建而不确切的；知识是一种非内在的，被集体接受的信念系统。如此来看，知识的客观性被消解，分类的标准也变得模糊，其他的信念系统也将获得与科学知识同等的地位。而知识的生产变得不仅是推理论证和实验分析的产物，各种社会生活场景和社会群体也成了知识的重要产生机制。

基于上述演进，科学知识社会学为建构主义提供了这样一些理论基石，再次从社会学角度强调所有的知识都是由社会构建起来的。这种构建自始至终处于具体的社会情景之中，是一种动态发展的过程。这种过程与个体的人的观念与思想紧密相关，也与整体的社会文化密切联系。更进一步推论，这套观念并不认为知识是外在现实的一种镜像，知识的真理性和普遍性是在实践中和认识上的一种"权宜之计"，只是因为这种对应方便有效，但并不能说明它与客观实在相符合。包括科学知识在内，一切知识都是可以和人相关联，知识并不独立于人与社会存在。因此，"社会"并非是完全客观的一种实存，它还包括主观意义的客观化（外化）以及通过外化过程而建构的，互为主体性的"常识"。这种外化过程以及常识的内容除了社会中客观存在的各个行动者，还包括由各种信念体系合法化之后的各类制度和机制。

四、建构主义的社区教育课程观得失

建构主义在西方教育实践中成为强势观点既有其历史源流，也有现实基

① 大卫·布鲁尔：《知识与社会意象》，艾彦译，东方出版社，2001 年版，第 133 页。
② 袁维新：《科学知识社会学视野中的科学教育观》，《外国教育研究》，2005 年第 32 期，第 5～6 页。

础。建构主义的发源虽然不在我国，但是其试图回应的问题在我国却广泛而现实地存在，因此对传统教育中的一些突出现象有着相当的适切度，也成为20世纪和21世纪之交我国学校教育新课程改革的重要参考。最为突出的问题是，我国传统教育观念中一直奉行"传道、授业、解惑"的教师中心主义观点，在教学过程中"重教轻学"，学习者居于相对从属的地位。诚然，以教师为中心对体系化的传递知识有较强的支撑作用，但是学习者处在相对受抑制的状态，其主动发展自己思维能力的机会偏少，长此以往还导致学习者个人创造性的不足。《国家中长期教育改革和发展规划纲要（2010—2020年）》早就明确提出，"要以学生为主体，以教师为主导，充分发挥学生的主动性，把促进学生健康成长作为学校一切工作的出发点和落脚点"①。此即表达了我国在教育政策领域对建构主义观念的直接回应。而在社区教育领域，建构主义的影响力就更加显著，其原因分为多个层面。作为教育活动的一种形态，我国社区教育的兴起与快速发展的动力来自于服务民众多元化的学习需求，而并非强制性的、义务化的国家要求。因此，社区教育本身就建立在"学习者需要"的基础上，其观念与建构主义在理论上有着更天然的吻合度。并且，社区教育的服务对象主要是成年人。成人学习者的学习所依赖的认知结构以及心理动力不同于青少年，更加契合建构主义所描述的理论框架，即学习不是一个纯粹的输入过程，而是与以往人的认知结构产生互动的过程。成人学习者显然具备更丰富的阅历和经验，因此，建构主义对成人教育实践更加具有针对性。而作为与学校教育并存的一种教育形态，社区教育为保持自身的独立性和独特性，在教育观念和课程理念上有突破学校教育理论范式"一统天下"局面的强烈动力，这就意味着反对"普通教育化"的社区教育，与显然不同于传统学校教育导向的建构主义观点在现实中更为"亲近"。

建构主义对课程观的最为重大的贡献在于，它充分阐释了认识活动的建构性原则，有力地揭示了认识活动的能动性。过去，人们多强调认识过程的客观性，对其能动的方面考察有所不足，在教育过程中更是如此。因此，教材内容、教师的解答倾向于被视为世界的标准解释：教师首先得具备这些知识，然后再用标准的语言进行表达，最后让学习者得到标准化的理解。这样，知识被教条化了，似乎学习者掌握了这些"条款"，就可以直接用来解决实际问题。在认识论上，建构主义反对这种机械化的反映论，认为人们的认识活动不是人

---

① 《国家中长期教育改革和发展规划纲要（2010—2020年）》，（2010-07-29）. http://www.gov.cn/jrzg/2010-07/29/content_1667143.htm.

脑对事物的直接反映，而是以原有的知识为基础，在主体和客体的互动中建构形成的反思性活动。在此意义上，认识活动是一个复杂的辩证过程，认识起源于感性直观，并通过抽象和分析对感性材料做筛选，抽取出其中的有效部分，概括出抽象的原则规定，从而超越感性事物的具体限制；并且，认识活动还将进一步将事物的各方面属性与其在具体现实中的真实关系具体统一起来，实现对事物本质具体的把握。于是，建构主义的认识是一个从现实中抽象并回归思维中的具体过程，也为社区教育课程观念中"突出学习者个人的知识思维建构，采用灵活多样的传递形式，重视为学习者创设学习情景"建立了一套体系化且高度契合的理论支撑。特别是，建构主义为那些传统意义上几乎不可能植入课程和课堂的多元化内容提供了理论依据，例如文体杂艺类、个人经验体悟分享类等内容在社区教育服务中广受欢迎；同时也为课程学习的多元形态锚定了基础，例如游学学习、团队自主学习等。但不可回避的是，建构主义是一套内部存在显著缺陷并且主张并不十分完备的理论体系。即便是在建构主义教育观念盛行的美国，这一套观念也曾在 20 世纪 90 年代招致猛烈的批评。人们发现建构主义观下的课程实施需要耗费大量的人力物力，对教师的要求很高且教法难以把握，而课程学习的效果并不全然如建构主义理论所设想的那样理想。在学校教育领域，美国的建构主义教育在部分学校实践带来了学生学业测试整体水平的下降。建构主义教育观念在我国社区教育领域实践中虽然具有更高的契合度，但也存在一些值得仔细推敲的问题。

第一，作为产生自西方的一套教育观念，建构主义对我国的社区教育事业固然具有启示性的一面，同时不可避免地存在"水土不服"的成分。不同流派的建构主义虽然在不同程度上强调学习活动作为一种社会性的互动，但就课程学习的意义价值而论，建构主义还是将学习归为学习者自身的知识生长和个性化的发展，其个人本位色彩相当浓厚。而不论这种理论观点是否得到重视，教育实践中受到或隐或现的社会控制无处不在且无可避免，正如建构主义认识论本身所指出的那样，由于每个人都生活在社会中，头脑中并非空无结构，因此社区教育课程中的、课堂上的各种语言文字交互，学习者之间、教师和学习者之间的各种符号互动无疑都蕴含着某种社会"规则"。在我国，社区教育首先要在党和政府确立的教育总体方针下有序发展，在社区教育服务中弘扬正能量，将社会主义核心价值观融入课程和活动正是社区教育不断发展的前提和基础。因此，社区教育课程不能也不可能脱离社会的共同意志，只能在建构主义的框架下对如何追求满足个人的学习欲和个体的发展做出相应解答。

以此为延伸，人们对当前社区教育课程的安排和内容可以做进一步的反

思，比如：社区教育学习者的现实需求都是合理的吗；是不是只要迎合学习者的需求而开设课程，社区教育就成功了；由公共财政经费支持的社区教育课程仅仅局限于服务和满足学习者的自我成长，是否在理论上具有正当性等。

第二，建构主义复活了相对主义观念。建构主义不遗余力地抨击客观主义经验论的种种弊端。但与此同时，建构主义，尤其是激进的建构主义却走上了另一个极端。相对主义起于古希腊的智者学派，它虽然一般不否定客观世界的存在，但却怀疑认识的可能性，否认客观对主观的决定性作用。建构主义在真理观上采集工具化的看法，不承认有绝对真理，认为所有的知识只不过是人们集体选择的"信念系统"。在此，建构主义与传统哲学更加背道而驰，传统哲学试图探究的自我与客观世界的一致性在建构主义理论中不再作为主题讨论。既然知识是一种权宜之计，那么人们就不需要再讨论和追求"真理"，只需要从知识作为信念系统的一致性，以及对现实生活是否实际指导意义来评价知识即可。由此可见，建构主义同时具有主观唯心主义和不可知论的思想因子，它将知识完全归于经验意义的一致性，而不承认事物在本质、规律、普遍性方面的意义。① 并且，建构主义更强调知识非结构化的一面，非结构的不完善的问题需要人们在具体情景中得到启发，试图超越具体情景的抽象概括和以语言为媒介的形式化概括没有知识性的意义。总之，在对待知识的态度方面，建构主义的论点是值得人们警惕的，需要人们十分审慎地对待并通过仔细甄别来批判地吸收。

建构主义的知识观经由教育者理解转化，仅在学校教育的实践中表现出一些弊端，主要包括：丧失了知识的公共性和基准性，对于任何的个人不着边际的知识建构都给予肯定和鼓励；突出强调情景性的建构，导致讲授教法受到贬抑，而课程运行和教学过程的活动化、娱乐化现象突出等问题。② 有不少研究者分析讨论了"滥用"建构主义观念对基础教育阶段课堂教学造成的负面连锁影响：由于教师花费过多精力营造"真实的情景"，一方面，导致用于传授系统知识的时间大大压缩；另一方面，学习者沉溺于"情景"中的细枝末节，导致课堂教学效率偏低。崇尚各类"自主探究"活动，学生虽然在各种活动中十

---

① 张建伟，孙燕青：《建构性学习：学习科学的整合性探索》，上海教育出版社，2005 年版，第 51 页。

② 谭顶良，王华容：《建构主义学习理论的困惑》，《南京师大学报（社会科学版）》，2005 年第 6 期，第 5～7 页。

分活跃，但是形式的"热闹"难掩内容的"空泛"①。这类不良现象在当前部分地方的社区教育课程实践中有"放大化"的倾向，即教学明显偏重于"活动"，课程本身的知识容量和知识教授被忽视，甚至有没有知识、是否存在学习行为都不再作为"课程"的必要标准；为了教学的"情景化"而使课程陷于完全"娱乐化"，在教学实践上制造了虚假的"场面繁荣"，这就使社区教育逐渐偏离了教育教学本位。例如，部分社区教育机构开展的探索性教学或游学教育等更像是休闲旅游活动，和教育、学习的关联度并不大。这些实际或潜在的问题影响了社区教育在教育体系和社会层面的评价，对于社区教育事业长期发展的负面影响不可小觑。

第四节　社区教育课程的授受现场

在本章的前几个小节，我们从课程的概念出发，不断探讨"社区教育课程"是什么，不是什么；具有怎么样的总体目标；指向的学习观念有怎样的独特意蕴。从应然层面反思社区教育课程的功过得失当然是必要的，但课程的教学过程才是教育中最为鲜活的部分。因此，观察社区教育课程的授受现场来把握其真实的"价值生成"不仅是检视关于课程的理论探讨必不可少的环节，也是理论探讨不可替代的视角。

无论授课内容和目标如何被精细化设计，社区教育的课程实践终究是人与人交往的场域，并且大多数时间是成年人与成年人的对话。因此，社区教育课程中的授受不可能仅是客观事实的传递，而是一种社会文化的建构活动。那么，一场社区教育授受活动能够有多少意义生成呢？下面一些课堂案例和实录可以成为此课题的基础。

一、社会控制的隐秘在场

（一）课堂实录一

以下是笔者在一个"国画入门班"的第一次课的一段听课实录。该班的授

---

① 朱玉成，刘茂军，肖利：《建构主义要审思慎用：浅议建构主义本体论与方法论之缺陷》，《现代中小学教育》，2013年第4期，第4～8页。

课对象主要是社区 50 岁~70 岁的退休人士和灵活就业人士，本次课共有 18 名学习者到课，授课教师是一位年龄大约 55 岁的男士。

　　教师面对电子屏的演示文档，语速缓慢："各位，我们中国自古讲究'书画同源'。有人认为伏（发错音，教师发音为"胡"）羲（停顿）画卦、仓颉（停顿）造字，是为书画之先河。文字与画图最初无（略停顿）歧异之分。"

　　再次停顿后，教师略显尴尬地继续面向电子屏。"中国文字也就是汉字，汉字是象形字，象形就是图画，每一个汉字都是一幅完整的画……"教师转过头面向学习者："呃，各位同学，实在是不好意思，我的普通话说得实在不好，一讲普通话（语速）就比较慢（语言）不连贯，你们看我说四川话怎么样？或者我还是说普通话，就是稍慢点？"

　　学习者开始议论，很快有学习者回应："没事老师，你就说四川话嘛！""对的，就四川话就对了！"

　　教师："好好，那我就讲四川话了！其实书画同源是什么意思呢，你们看，一般专业画国画的都能写两笔，会写字的又都能舞两下。我们这个入门班就是慢慢来，大家都不要急，我会带着大家一起，先找到基本的感觉。"

　　"你是老师都听你的嘛！"有学生回应道。

　　在这一师生交互的片段中，最初由于国画教师使用普通话有困难而表现得不够自信，课堂有走向失控的可能。当预见到教学可能会因此出现意外状况时，国画教师果断替换了自己在课堂上所扮演的正式角色。此时国画教师将教学过程和课堂行为引导抛在一边，转而使用"学习者的同龄人"这一课堂上的非正式身份向学习者发出请求——是否可以使用方言教学。学习者则表现出了一种互喻文化环境中的平等友好姿态，并没有为难教师。当教师一旦获准使用熟悉的语言后，立刻回归了教师的"常套角色"，并且迅速地以语言明确了对课程总体进程的掌控。学生则是对教师正式角色的回归表示了无条件的认同。课程第一次课发生的这一段插曲来看，由社会默认的教师和学习者角色一直"在场"，这堂课的师生在社区教育的课程实施过程将要发生偏差时，师生双方十分默契地让各自的角色回归一种社会默认的"常态"。虽然这次课程是收费课程，学习者自主自愿缴纳费用参加学习，是以消费者的姿态出现；并且教师和学习者是同龄人，因此教师不具备对学习者"全方位"压制的社会权威。而当课堂存在异常状态时，教师和学习者之间并没有出现异常的紧张对立。对比普通教育阶段，若有这些情景出现，年轻学生对成年人教师的失误常常会起哄，作为消费者的学习者对教学人员的工作失误通常会产生强烈不满。但这次异常局面出现时，教师和学习者并没有以激烈对立的冲突模式面对问题，而是共同平和地化解了不利局面，事实表明了在这次社区教育课堂环境中，"教师的角色期望"和"学习者的角色期望"如同隐性的弹簧一般，将两者悄悄拉回正常状态。虽然这一状况没有被预演，但当场景出现时，双方都快速地对课堂上应然的"社会角色"进行快速的确认和遵从。

（二）课堂实录二

以下是笔者在某一课堂"休闲生活英语课"上的片段听课实录，本次课的主题是"旅游购物"。授课教师是一名 30 多岁的女士，授课对象是社区的成年居民，年龄大致分布在 40 岁～60 岁之间，到课人数约在 20 人左右。

> 教师：好，大家再一起读一下。"want"就是"希望""想要"的意思，比如我们要去买一个汉堡，我们可以用"want"说"我要一个汉堡包"。那么，有没有哪位同学用"want"再造个句子。
>
> 学习者 A（一位中年男士）：我来。
>
> 教师：请。
>
> 学习者 A：I want dress that dress is very beautiful.
>
> 当学习者 A 回答完后，其他几位学习者开始窃窃私语，并捂嘴偷笑。教师尚不清楚学习者们关注的焦点是什么，一直沉默地关注着课堂的动向。而此时学习者 A 似乎突然明白了什么，露出了尴尬的笑脸。片刻，有学习者低笑："哈哈，他要裙子！"
>
> 教师发现这场小失控的原因，先是抿嘴一笑，然后用清亮的声音面向学习者：这位先生非常棒，他把我们上次课学习过的"dress""beautiful"也都用上了，而且他一定非常爱他的夫人，旅游的时候还不忘要给夫人买裙子。
>
> 学习者们发出了轻松的笑声，课堂的注意力再度回归教师。
>
> 临近下课时，教师向学习者发出一个开放式的提问并试图结束本堂课：我们今天学习了这么多词语，各位能说一说最想去哪个国家旅游吗？为什么？
>
> 学习者开始议论，此时学习者 B（一位中年女士）用英语发言：我最喜欢日本，因为日本非常干净和富裕。

　　还没有等到老师回应，学习者 C（一位中老年男士）突然出言反驳道：日本哪里好？因为有点钱就喜欢日本？

　　教师立刻回应道：我想这位女士的意思是，我们都最热爱我们国家，我们都希望不久以后我们这里比日本更干净富裕！好的，我们下次课见！

　　"就是就是！"教师的回应得到了学习者的广泛认同，本次课程顺利结束。

　　这次教学活动中出现了两次小型的"失控场景"。第一次"失控"由于一位中年男士用英语说自己要买一条漂亮裙子，进而引起了其他学习者的性别联想，使课堂出现片刻的中断。第二次"失控"则是因为一位学习者表达因为"干净"和"富裕"喜欢日本游，而这一态度表达遭到了其他学习者的直接质疑。两次"失控"都被授课教师的教学机智成功化解，她使用语言艺术妥善地维护了学习者和课堂的"体面"，将课堂中的冲突转化为了加深课程内容印象的情景。例如对于裙子的英文单词，相信参加过本次课程的学习者在若干时间以后还会有着深刻的印象，因为"dress"已经和一位"爱夫人的男士"生动地联系在了一起。

　　在肯定这堂社区教育英语课的成功之外，这堂课中冲突和潜在的失控产生的深层原因值得注意。从本次课的内容来看，学习者表达"要买裙子"和"因为干净和富裕喜欢日本"并没有犯知识性的错误，他们使用的英语词汇和语法表达都是正确的，但知识性本身的正确表达却激起了其他学习者的某种"异议"。这是由于学习者表达的内容与社区教育所依托的隐匿存在的社会文化基础产生了抵牾。一位男士公然宣称要买漂亮裙子，让人们联想到"男女有别"的基本社会规范。规范性文化根植于人们的信仰和传统，为人们提供了现实生活的伦理依据。并且，这种规范性文化通过"濡化"的形式在社会之中代际遗传①。社区教育的课程实施无疑是最自然，最直接的"濡化"场景。一方面，社区教育作为教育，传递通过教育形式正规化的社会影响；另一方面，社区教育属于社区，直接传递来自于社会基层的文化影响。在本次课堂的令人哑然失笑中，规范性文化在社区教育中的潜在影响一览无余。一位女士因为"日本的富裕干净"将其表述为"最喜欢的"国家，进而被其他学习者质疑。这是价值性文化在社区教育课堂中产生影响的直接表现。固然，"干净、富裕"确实是值得人们欣赏，但是因此而将最喜欢的国家表达为他国（虽然教师问的是旅游

---

　　① 孙秋云：《文化人类学教程》，北京大学出版社，2018 年版，第 164 页。

目的地国家），对于一个成年人就不免有些欠妥了。本次课程中当课堂中关涉价值位阶顺序的语言和行为与社会主流意识相悖时，教师和学习者共同"纠正"，即便是学习者付费参与，但课程实施的价值走向并非完全的市场化；即使课程内容并非思政教育，社会的价值性规范却始终在场，并表现出强大的影响力。

（三）课堂实录三

以下是笔者在某社区老年大学的"葫芦丝中级班"旁听片段。该课程的授课对象是周边社区 50 岁~75 岁的退休市民。教师是一位 60 岁左右的男士，到课学习者超过 30 人。

> 教师：好，下一首，《月光下的凤尾竹》，前面四个小节，起。
>
> 学习者进行吹奏。
>
> 教师：好，刚刚这一段音准整体都没有问题，但是有几位的气息太平稳了。稳是对的，但是太平了不好，太平就显得没有感情了，这一首还是需要一点灵动的感觉。月光星星点点，时隐时现，是不是？不是大灯泡照着，一直一抹亮，是不是？除了这个，你们看还有没有什么问题？
>
> 学习者 A（一位中年女士）：老师，那要不要吹个颤音？
>
> 教师：不用，那就太刻意了。这首曲子，你们刚刚气息吹得太均匀，本身就是一种刻意，要舒缓。
>
> 学习者 B（一位中年男士）突然插话：嘿！老师，到时候学期结束上台演出的时候，你领不领到我们一起吹哦！
>
> 教师：要嘛，不领着你们到时候怕是要跑调。
>
> 学习者 B：哎呀，老师，到时候干脆不吹《一剪梅》了，那个真的不好吹！
>
> 教师沉默并注视着学习者 B，这时学习者 C（一位中年男士）插话道：老师，这段没啥其他问题，是不是开始吹后面的？
>
> 教师：好，开始。

在这个课堂片段中，学习者 B 成为一位意外的搅局者。当教师正面回答其他学习者的提问后，他提出了"期末演出"这个和当前学习有一定关联但并不直接的问题。教师在以朋友般的身份回应之后，这个学习者似乎变得更加松弛而随性了，于是他又提出了一个更加偏离当前学习主题并带有一丝"搅局"意味的请求。这种"得寸进尺"引起了教师的警惕，但他并没有以

语言制止，而是用沉默的注视表达其态度。这时学习者 C 则以言语表达了对学习者 B 的无视态度，并提示教师回归教学主线。由此可见，在这个课堂中的社会互动是多元的，且具有相当的平等色彩。学习者 B 用言语试探和商量方式向教师表达情绪和诉求；教师也用朋友式的交谈和无声的凝视两种相异的行为态度分别表达对学习者 B 焦躁情绪的抚慰和失礼行为的排斥；而学习者 C 则使用语言婉转地对课堂社交的可能失控进行了干预。这场交互过程包含了语言、语态、眼神、沉默等多种符号互动，并且，这种社会控制还不仅通过课堂上师生、学习者之间的显性角色体现，还通过朋友式的旁观隐性视域渗透。在课堂的知识生成活动以外，较之传统学校教育更为显著的社会交往原则一直隐秘地在场。

从上述案例不难看出，社区教育课程在实施过程中的社会控制潜藏在多个维度。与学校教育相比，教师对学习者的社会控制程度普遍更轻；但学习者之间的社会控制相较更为强烈；环境和符号的互动往往更为直接和具体，这也是社区教育帮助学习者实现"再社会化"的现实基础。

二、课程授受的意义生成

除了社会控制和社会影响方面的意义价值，社区教育在个体知识生成和意义构建上被寄予厚望。下面是一个较为成功的社区教育课程教学案例是对于在学习者知情意方面的建构价值有着很好的典型性。

（一）课堂实录四

这是笔者旁听成都市某社区开设的"社区居民金融风险防控专题课程"中的一堂课。这门课程涵盖了各类金融防骗内容，包括医疗保健金融防骗、投资理财防骗、消费购物防骗等方面，并配套有小读本作为学习参考使用。本次课的授课主题是"养老投资防骗"。授课教师刘老师是一名 50 多岁的男性社会工作者，授课对象是某城乡结合部社区的中老年居民，他们多是附近区域的拆迁安置户，有一定的投资能力但缺乏金融知识和风险防控意识，课程服务的精准性很强。

关于养老投资防骗，配套小读本上有着这样的文本描述——

养老投资诈骗是目前针对城市老年人群常见的诈骗形式。

投资养老诈骗的典型过程是：骗子先是常常在公园、小区、市场等人群聚集的地方对中老年朋友进行投资概念的灌输。随后就以组织旅游、参观、讲座、赠送礼品等手段博取老年人的信任。然后利用老年人闲居在家，与子女亲朋交流互动少、内心孤独的特点，以电话嘘寒问暖、上门帮忙家务等方式进一步哄骗老人。在此期间，骗子往往会宣称他们有一个非常稀缺的投资项目，投入一定金额后，每年可享受分红福利、礼品，甚至获得"养老公寓"的居住权益、就医服务的优先权益等。除了口头话术和PS照片，有的骗子为了显得"正规"，还会拿出协议哄骗老年人签订，这些协议多是一些空头合同。骗子只会给出一些小恩小惠当诱饵，当进一步诱导老年人的大额投入后，骗子则消失得无影无踪。

普法小贴士：根据《中华人民共和国民法典》第 465 条第二款规定，"合同仅对当事人具有法律约束力，但是法律另有规定的除外"。和虚假公司签订合同，如果合同的内容无法兑现，从法律意义上就无法追究骗子的责任。

对应的教学实施，刘老师的讲授是这样的：

哎，各位，说到这个投资理财诈骗，现在简直就太多了！主要中招的就是我们这些大爷太婆。我们这个册子上写的也有，这儿我们就不去照着念了！我们各位想一下，身边有没有这样的情况，或者说你遇到过没有。最典型的就是，我们小区旁边商场里面遇到的，一个看上去穿得体面、长得标致的小伙子，对我们老同志还很有亲和力。嘴巴甜得很，把我们喊得很亲热，给我们说，他们公司有优惠活动，只要老同志留个电话，就会给我们送鸡蛋、送牛奶、送小礼物。没过多久，他们又打电话来说，公司有内部活动，他有内部名额，可以车接车送去附近地方参观半天。只要我们愿意去，保准全程把我们照顾得妥妥帖帖，一路跟我们谈天说地拉家常，最后还把我们送进家门。以后小伙子就更亲近，隔三差五拿起水果牛奶来看我们，说不定还顺便帮我们通个洗手池，换个电灯泡。小伙子也不说自己有啥事情，就是觉得跟我们投缘，觉得我们像他家哪个长辈。等到岁末年节，小伙子还拿上礼物来看我们，拉着家常顺便说起，他公司有个限量版的退休理财服务，交十万元立即就可以返两万礼券，以后每个季度返四千元直到终身，只要保持健康那简直是稳赚不赔。另外，还可以每年冬天参加他们公司组织的康养游。小伙子说，只是觉得跟我们亲，不然这么好的事情可不能都便宜了外人。我们一看，这小伙子这么靠谱，反正钱放在银行或者哪里都是放，干脆就跟他签个名吧。哦，这个拇指印一摁，后头

事情变了。一开始那三个月还是给我们打钱的，慢慢地就不规律了，再后面就不打了。小伙子也不上门了，打电话问他，对方就推说忙，公司内部有调整，承诺的返现不会变。再隔一段时间，哦嚯，小伙子人找不到了，钱也不给我们返了。等我们在这边气得要死的时候，那个缺德娃娃就正在另外哪个小区晃悠，说不定也还是想得到我们，只不过想的是：嘿，上回那个冤大头宰得还真顺溜！

此时，学习者们开始交头接耳，有的频频点头。刘老师继续补充道，各位，不要觉得他给我们说的那个公司网上都查得到。我们怎么知道他就是那家公司的呢？还有我们这个小贴士，这个给大家讲的是什么意思，就是冤有头债有主，你和哪个签的协议就只能找哪个要说法哈，可是找不到哪个小伙子小姑娘头上。麻将我们大家都打过嘛，哪家放炮给另一家和牌，账是在这两家头上哦，和其他家谁帮助听牌的可没有关系，是不是？

这时有学习者开始鼓掌，还有学习者喊话道："老师讲得好，早该来讲了！"

无疑，刘老师的这次授课是十分成功的。他灵活地把握住了社区教育课程意义建构的诸多因素。社区教育课程不单是客观事实的传递，而且是知识在社会和历史情境中的建构。这要求社区教育课程教学走进每一个学习者的历史、经验、期待并形成共同的社会伦理再实践。尤其是，社区教育课程没有"考试"作为课程的后置刚性约束，而课程内容由于贴近于人们的真实生活，较容易引起人们的关注和兴趣。因此，将知识和课堂文化依据其内容做灵活的"变形"，不仅是这堂课成功的关键，也是社区教育课程意义建构的一种路径。

（二）授课语言的日常化

在本次授课中，教学参考材料中的"赠送礼品"变为了教师口中的"送鸡蛋、牛奶"；老年人变成了"大爷、太婆"；"家务"被"通洗手池，换电灯泡"替代。特别是，教师在教授知识点"合同具有相对性"时，巧妙地使用受众熟悉的麻将游戏做类比：将上当受骗的群众比喻为麻将游戏中的"放炮"方；签约的诈骗公司或者空头公司正是"和牌"方；而上下撺掇致使群众上当受骗并蒙受经济损失的骗子正是帮助"听牌"的元凶，充分展现了教师高超的教学智慧。从知识层面上，这一描述以学习者可接纳的生活经验做基础，同时在逻辑上也与养老投资诈骗行为的得逞环节同构，完全符合建构主义所描述的知识生成过程。而在社会学意义上，教师不再使用相对精致的"写作体语言"和"学术话语"进行对文字材料的"照本宣科"，而是用日常生活语言对知识进行解码，并融入教师自己的理解和建构。教师的生动叙述将凝固在文字材料中的意义打开，将书面的"规范文化"建构变形为实施中活起来的"师定文化"。教师形式上还是知识传授者的角色，但是他放弃了专业的身份，没有使用专业的词汇来解读如何防骗以及合同法的规定，而是用市井化身份对诈骗行为的全过程进行快速一览，这种教学场景的设置也是社区教育的独特魅力所在。在学校教育的场域中，由于传授系统化知识的要求、课程规范化的建制考试选拔制度的压力，这样生动的学习场景不多见。

（三）人物事件的丰满化

在这段授课中，教师将文本中出现的人物加以具象。受骗的老人变成了在场的"我们"；而骗子则具体刻画为一个"穿得体面，长得标致的小伙子"，使得学习者能够马上产生直接的联想。首先，文本中概括表达的投资项目被明确为"投资十万元，立刻返利两万元，并且承诺今后每个季度返还四千元"，具有普遍性的投资诈骗事件被教师演示为一个听起来极为诱人的具体方案。其次，教师用三言两语成功地将诈骗者组织各类活动行为具体为以内部活动名义试图接近受骗者，并打探受骗者的家庭情况。并且，教师还在不经意间刻画了"我们"上当受骗的心理动机：并不一定是被诱人的经济利益蒙蔽，而是被小伙子"靠谱"的朴素情感攻势俘获。最后，教师建构了骗局收场的某种可能性。在此过程中，教师用语言构建了一个"我们"上当受骗的切身情景过程，唤起学习者的参与和警惕。在反身点评这个建构性场景时，教师连用了"冤有头债有主""找不到小伙子小姑娘""账只和放炮者和和牌者有关"这些看似随意的民俗化语言反向暗示了骗子逍遥事外和"我们"蒙受损失的无奈状况，使得防骗意识和现实以及情景深度融合。

（四）知识过程的戏剧化

按照建构主义和知识社会学的观点，教师在这一课程教学片段中巧妙地使用了"拟剧化"手段，使得学习者的知识建构进程和情感与想象力的演进实现同步①。教师和学习者共同成为"我们"，不仅从情感上拉近了课堂双方的心理距离，并且建构了一个第一人称视角的故事镜头。骗子，在这里以一种反传统印象的形象出现，他是一个衣冠相貌都不错的小伙，而非刻板认识中猥琐的"坏人"。骗子大大方方地走入了"我们"的生活，又通过看似忠厚的行为轻轻

---

① 张培培：《表演性教学——拟剧理论在教学中的运用》，《现代教育科学》2015 年第 2 期，第 136～137 页。

松松欺骗了付出真正信任的"我们"。在故事的最后，教师甚至使用了蒙太奇的手法表现戏谑地表现了在"冤大头"们委屈无奈的同时，"缺德娃娃"们飘然离去，他们正在为其得意暗自窃喜，并展开新的一轮行骗活动。沉重与轻松，失落与得意，这场教学"戏剧"在构想中进入对骗局双方的批评：骗子固然毫无道德底线，但我们草率地轻信他人，最后如同被人做局玩输麻将一般被戏耍。教学在知识层面建构投资骗局的逻辑情景之外，还唤起了学习者强大的感情共鸣。当听课的老年人回忆或者今后遇到类似情景，不仅从理智上警惕骗局的出现，而且将在情感上同步感受与这个情景共生的多重体验："我们"的厌弃、悔恨、不甘。因此，当授课达到高潮时，自然就有学习者拍案叫好。

三、情景膨胀的课程失调

上述案例是社区教育课程成功实施的一个典范。当然，社区教育课堂上的多维建构并不总能尽如人意，但恰是类似下面这些不太理想的课堂却从另外的角度为社区教育的课程管理带来启发。

（一）课堂实录五

这是笔者参加的一次"茶文化游学"中的"品茶鉴茶"学习环节。教师是一位30岁左右的年轻女士，现场有30多位中年学习者参加学习。游学线路建立在当地的一个绿茶种植基地。学习环节是这样设计的：学习者首先概略地参观茶园和茶工作室，再进行有关茶叶知识的学习，最后实际进行绿茶的采摘和制作。学习环节是在一间大约两百平方、装点清雅的品茶室。茶室中间放有6张大茶桌，并设有投影幕布，两侧靠墙处的展架还放置了茶室主人收藏的各种茶包。

上课开始，女教师露出亲切的笑容，招呼学习者落座。"好的，各位，我们今天一起来学习茶的品类与文化。我们中国的茶有六大类，分别是红茶、绿茶、青茶、黄茶、黑茶、白茶。现在我们这个地方，主要是绿茶的生产基地。那么有没有哪一位知道，我们六大类茶叶的分类的依据是什么呢？"

"发酵！"有学习者回答道。

"对，非常正确，看来我们各位朋友对茶叶都很有研究。六大类茶主要是根据它们是否发酵和发酵的阶段以及是否杀青来区分的。其中绿茶是不发酵的，红茶是全发酵的。乌龙茶呢，半发酵；黑茶怎么样？后发酵。黄茶和白茶都是轻度发酵，但是白茶不需要杀青；而黄茶要杀青。那么大家知道什么是杀青吗？"

"烤一下。"有学习者回答道。

"对，杀青就是蒸发鲜叶部分水分，使茶叶变软，便于揉捻成形。好，今天老师就为同学们准备了这六种茶，现在茶已经放到了大家桌子上的茶壶中，请大家用水冲泡品尝，等一会儿我们以就座同一桌的朋友为一个小组，请每个小组派一名代表来说一说，你们这一组喝到的是什么茶。"

学习者开始分组泡茶，品茶；有的用手机拍照，有的在一边鉴赏茶室收藏的茶砖，小组内部和小组之间人头攒动，随着教师的招呼，学习者们又安静下来。

"好，那么我们请第一组来说说你们喝到的是什么茶，为什么？"

"绿茶！这个太简单了，就是新鲜茶叶。"一位中年男子起身说。

"对的，是绿茶。我们一起看，第一组的茶叶泡出来的茶汤是淡黄绿色的，气息清香，对不对？"

"好，那么请第二组说一说你们喝到的是什么茶？"

第二组的学员互相推诿了几个来回，一位男士起身说："红茶，这个茶水红亮，还有一股松香味，应该是正山小种。"

"哦！太对了，看来这位是行家了。那我们第三组呢？谁来回答？"

"乌龙茶！这个香气就是乌龙茶。"一位女士回答道。

"答对了，看来我们大家都很厉害，乌龙茶最显著的特点就是它香气的层次。那么第四组喝的是什么茶呢？"

这一组的学习者互相推诿了好一会儿，一位中年男士十分腼腆地说："我们也不知道，猜黑茶，是吧？或者是黄茶？"

"猜对了！你们喝这个茶的时候，是不是也发现了茶叶颜色油黑凝重，喝起来很有陈香味啊，这个就是黑茶的特点。那么下面一组呢？"

"老师，前面这组是猜的，我们不是。我们喝的是黄茶，我们依据的是科技的力量，刚刚我们把茶叶拍了一张，放到百度的图片搜索上一点，百度就显示，黄茶！"

"哈哈，对了哈，你们脑子非常灵活呢，确实是黄茶。黄茶的特点就是黄汤黄叶，这个黄色是制作过程中堆闷发酵，茶多酚和叶绿素分解形成的，茶味呢鲜爽甘润。那么最后一组呢？不用说，剩下的就只有白茶了是不是？白茶也是轻发酵，茶水具有花香和果香。今天我们第六组喝的就是著名的福鼎白茶呢。那么好，现在我们一起来学习以下六种茶的特点、制作方式与功效。"

随后，教师开始用PPT配合讲解绿茶的特点、制作方式和功效，而学习者则大多还在饮茶、拍照，还有的开始交换座位品茶、聊天。当教师花费了大约8分钟时间讲授完"绿茶"章节，投影屏幕上出现"黄茶的特点"时，有一位学习者突然提出："老师，我们要不要抓紧一点，我们还是赶快出去（到茶园）走一走哦！"此言一出，又有好几位学习者应和。

"好的好的，我们赶紧。"教师回应道。紧接着，教师用了大约5分钟的时间，将另外五种茶的演示文档快速翻过，几乎没有做过多的解说，就这样结束了授课。

整体看来，这场30多分钟的课程授课并不算十分成功，其核心问题在于情景的建构未为知识的建构加分，反而有喧宾夺主之嫌，使得知识在某种程度上处于被贬抑的状态。

单独从形式上对情景建构进行考察，这次授课授课者可以说做了精心的准备。首先是物理环境。授课的大环境是在绿茶种植园区，小环境则是专门装潢过的品茶室。授课内容中，有精心准备的六种茶叶和配套茶具，并且连茶桌的数量也正好是六个，教学场景的基础准备也很充分。其次是教学形式，除了讲授之外，教师在课上设计实施了"品茶鉴茶"的探究活动，并且使用了分组学习和讨论等交互式方法，而学习者在整个学习过程中都能保持着一种松弛感，包括交谈、拍照、品茶以及平等地向教师提出诉求。因此，从形式而言，本次课程的准备与实施并无太多不妥。

但是，从教育内涵的实质来看，本次课程的设计授课与情景建构的关系却值得推敲。首先，是课程内容设计方面略有突兀。在一个绿茶种植园中的茶室安排学习"我国六大类茶叶的特点"，而不是突出这一场景具有代表意义的绿茶。其次，是课程内容在逻辑安排上欠妥。学习者在概略参观后直接进入课程学习之中，并没有亲身体验采摘和制作茶叶的切身经验，缺乏学习的经验性材料。并且，在课程一开始，教师即组织学习者进行品茶、鉴茶活动，没有对各类茶叶的特征给出基本知识介绍，不存在一种感性的印证。最后，在活动教学结束后，又安排了内容有重复且较为冗长的理论教学，使得课堂一开始就过于活跃以至于有些"收不住"，又返至开场的活动，教学目的不够清晰。

更为重要的是，师生互动过程对知识和学习透露出轻视态度。先看教师的做法。在教学开场中，教师抛出了"我国茶叶的六大类"这一主题，并向学习者提问茶叶的分类标准。当学习者回答上仅"发酵"一个方面时，教师却毫无铺垫和转圜地给出了"发酵和杀青"这个答案，并反向追问"杀青"的概念，显得较为突兀。在回应学习者品茶、鉴茶的结论时，教师的回应显得更加随意：对有些茶的特点，教师做了一定的口头阐述，对于红茶教师则没有评论。到这一环节的最后，教师甚至褫夺了第六组学习者回答问题和阐述见解的权利，竟然自顾自地结束了活动教学。在理论教学的时段，教师更是在学习者的催促下仓促地结束了整个教学。再观学习者的行为。从本次课的开始，学习者就进入了"品茗"的休闲状态。对于教师的知识性提问，学习者表现出敷衍和游戏的态度，比如依靠随意猜测和网络搜索而不经过思考来回答问题。活动学习环节结束后，学习者们仍然沉浸在"品茗"的状态之中：交谈、走动、照相等等。最终以至于学习者在授课过程中催促教师结束授课，而其目的是尽快到茶园走一走。

综合上述分析，本次课程的实施存在一定程度的本末倒置，即形式上的情景建构超过了对学习活动本身意义的追求。学习者一直保持着嬉戏的心理状况参加学习，而教师也只是"配合地"将教学作为一个必要的程序执行完毕，这就在事实上形成了将教学和学习活动机械生硬地嫁接在了体验活动之上，人们关心的是活动和游玩，并不是学习和知识。这个不太成功的案例值得社区教育工作者深思，是不是在旅游中随意添加上一定的学习元素，就可以称之为"游学"课程？

（二）课堂实录六

这是笔者旁听的一场"社区议事会"系列课程，课程的主旨是：结合社会热点，由本社区的居民讨论本社区的公共问题并试图达成居民的自我教育促进社区治理。笔者旁听的这场"社区议事会"的主题是：一起行动做好小区垃圾分类。课堂由一名30多岁的女教师主持，参与者是本小区的居民，大约20多位。课程在某中档小区的公共广场实施，教师和物业人员居中，而学习者较为随意的围坐在四周。本次课的内容分解为四个部分：垃圾不分类的危害，垃圾分类的益处，常见垃圾的分类，小区居民如何做好垃圾分类。在前三部分内容的授课环节中，教师首先抛出部分有关的知识命题，再组织学习者自由探讨，最后由教师梳理总结，并给出更全面的理论知识。而到最后一个部分时，课堂走向了意想不到的状况。

教师：下面我们来讨论一下，在我们小区，大家应该怎样一起行动，做好垃圾分类呢。我们很容易想到的是，根据我们刚才一起了解的常见垃圾的分类，做好自家的垃圾分类，是不是？那么大家还有没有其他的妙招呢？

学习者开始议论，一位男士首先发言："可能大家都要学习，回去给自己家里面的人也多讲讲垃圾分类的事情。"

"您说得很对！"教师回应道。"我觉得就是大家要互相提醒，如果丢垃圾的时候正好发现别人显然没有分，或者明显分错了，还是要善意地指出来。"一位女士补充道。"要我说的话，我就觉得有害垃圾的袋子要套厚一点，免得（运送）中途破了。""大家的想法都很好！"教师不停回应道。

此时，又一位中年男士发言道："老师，这些（建议）都可以。但是我观察了一下，我们小区这些垃圾，最后收的时候，不管分好没分好、散装还是成袋子的，还是几个颜色的桶一口气都倒一堆了。那这种我们前面分得再仔细也没有什么用处啊。"

"没有哦！"物业管理人员紧急插话道。"怎么没有呢。不信大家后来可以观察一下嘛。"中年男士回应道。"确实是，我也注意到有这个问题。"一位老年男士补充道。

"所以有很多状况哪里是我们业主的问题，主要是物业没有尽责。比如上一次小区地面的两个临停车位就被外来车辆占了两个星期，反映了好久一直就没有挪走。是业主不讲秩序么？主要是物业不作为！"另一位女士言辞激烈地补充道。

紧接着又有三位学习者交替发言，学习者的讨论逐渐偏离"垃圾分类"主题，转而对小区物业服务中的不足表达抱怨和批评。教师只能草草地做了课程总结："今天大家一起学习了垃圾分类的有关知识，大家也有很多好办法，相信小区的环境会越来越好。"

这一课程的实施案例表现出的突出问题是，对课程的情景建构和服务效能有所夸大。公允地说，这次课程情景安排得十分用心。课程安排在小区的广场实施，学习者采取围坐议事的方式进行学习，并且课程还邀请到了小区的物业管理人员共同参与，将学习活动与小区治理进行了深度的链接。在本次课程实施的前半程，这种情景也发挥了正向功能；而在课程的第四部分，这一情景则对小区居民对小区物业管理的一些微词起到了放大作用。学习者在这样的情景下，你一言我一语地使课程不断偏离原有的主题，最终只能仓促收场。这次课程不仅在知识传递上没有达到预定目标，而且在社会控制方面也与原有的设想相反：从设想中调动学习者共同参与社区治理，实际上却为居民无序的情绪宣泄提供了舞台。这场失控，并非由于教师授课发生了重大失误，而是由于"情景"本身具有中立性。"情景"可以放大有利于学习的因素，同时也会放大外部因素对于学习活动的干扰。从这次课程实施来看，强调建构"情景"并不必然有利于学习行为的发生和教学活动的开展，"情景"可能把持甚至绑架课程，产生负面效果。试想，如果将"垃圾分类"的课程放到传统课堂中教授，由于学习者不具备在小区中实时互动的背景，或许这场失控不会发生。

而从课程服务的效能来看，在传递"垃圾分类"理论知识方面，本次课程目标基本实现了。但是课程在试图整合小区文化、形塑社区纽带方面却宣告失败。其中的重要启示是，通过社区教育影响一个区域的公共文化绝非朝夕之功。在这次课程实施中，学习者与小区物管之间的矛盾并不源自于教育教学问题，而化解矛盾的关键要素在于物业管理的改善而并非教育的改进。这次"垃圾分类"课程忽略本社区中潜存的和现实的矛盾问题，一厢情愿地试图发挥社区教育的社会价值和功能，结果往往适得其反，略显刻板和激进的做法使课程自身的教育本位被动摇。

第五节　社区教育课程的管理启示

一、分类支持课程开设

从第四节社区教育课程的内涵以及课堂现场中不难发现，社区教育课程内容的丰富性难以用简要语言精准概括。课程内容可以是以概念和知识性内容为主的科学文化、生活常识等，也可以是以体验和技能性内容为主的器乐书画、歌唱演出等，还可以是以综合性方式呈现的茶文化品鉴等。这些课程内容经过社区教育发展历程的检验，能够长期稳定地在各地基层开设，足以说明这些内容符合学习者的学习需求，也说明这些内容通过社区长期稳定地在各地基层开设教育课程形态进行传递在教育实践上是可行的。

作为一种正当的学习需求，学习者喜欢什么样的社区教育课程内容本身并没有高下之分。然而，社会教育作为一种带有普惠性的社会公共事业，不可能也无法忽略其本身的在社会价值维度的评判。正如人们对建构主义的批评那样，建构主义强调知识形成的社会性，但对知识价值的社会性却不加衡量。同类现象在社区教育实践活动中也普遍有一定程度的体现。即仅仅迎合学习者的学习兴趣如唱歌跳舞等内容，就多开设此类课程；而学习者可能不那么感兴趣

但社会紧迫度更高的综合安全类、政策法治类、基础素养类等课程开设不够积极。

固然，兴趣是最好的老师，对成人学习者尤其如此。如果完全不顾学习者个人的学习兴趣，只是生硬地传递党委政府和社会所期望向成年人传递知识和声音，社区教育的课程开设和事业发展将难以为继。但满足学习者多元化的学习需求就可以让社区教育放弃那些关于安全的、防骗的、政策宣导的内容吗？

答案显然是否定的。一是教育政策视野的回应。教育是国之大计，社区教育的可持续发展离不开党委政府引领支持，因此社区教育的课程必须体现社会意志和社会需求，不可能仅仅满足单一个体的个性化发展。因此无论这类课程内容的受关注程度如何，其开设都是十分必要的。二是公共经济学的回应。对于公办社区教育而言，开设课程等教育投入是列入公共财政预算的。公共财政的重要作用之一是提供公共产品，校准外部效应。经济学中的外部性是指，一个经济主体的经济活动给其他主体和社会带来了非市场化的影响①，即活动造成的正负面效果没有完全纳入"费用"的衡量中。社区教育正是一个具有典型正外部性的范畴，学习者享受到了免费或显著低于市场价的课程服务②。社区教育对个人带来的益处没有完全被"学费"所评价，具有社会福利的属性。而就课程内容而言，主要满足个人学习需求的文体技艺课程在公共性上不如社会时政等类型的课程强烈，后者使用公共预算开支更具有财政意义上的合理性。

按照经济学和财政学的逻辑，纯粹的公共物品应由财政经费支持；准公共物品可以由公共预算适当支持；而非公共物品则应当由市场供给。因此，在财政经费有限的情况下对社区教育课程的内容不加甄别，统一采用财政补助投入机制不甚恰当。探索依据课程的公共属性分类差异化的，精准支持课程开设十分必要。根据社区教育的课程内容，社区教育课程的公益属性可以做更为细致的划分。主要内容范畴为国家大政方针、公共安全，和具有扫盲属性的课程应当视为纯公共物品，全部由财政经费支持开设，作为一项社会福利进行投放。而艺术人文等领域的入门班次，一方面满足了市民自身学习的需求，另一方面提升了社会的整体素质，具有一定的公益属性，因此可由财政经费适当补贴，

---

① 罗伯特·S. 平狄克，丹尼尔·L. 鲁宾费尔德：《微观经济学（第九版）》，李彬译，中国人民大学出版社，2020 年版，第 540~541 页。

② 李艳娥：《社区教育经费保障与评价机制建设探究》，《教育导刊（上半月）》，2013 年第 10 期，第 21~23 页。

使学习者享受到低于市场价的"普惠式"服务。而那些要深度学习某种技能和知识的小众需求，由于其学习效果不具备广泛的正"外部性"，对社会整体素质的提升意义不显著，却由政府负担事实上是不合理的，这种情形应当完全交由市场配置，按供需关系确定市场价并由学习者自行负担。

二、客观看待情景建构

建构主义和教育实践中的"情景"是一个诠释学意义的概念，它不光指学习过程之中所处的物理环境、空间状态，使用的物质教具，还包括学习者和教师的心理动力、情感状态，甚至包括处在教育过程之外的社会意识、符号互动等。从这个角度看，不存在"完美"的社区教育"情景"，因为这是一个只存在于理念世界的虚幻构想。

从前节的课程实录不难发现，执著于突出外在的"情景"建构并不必然能够促成课程和教学的成功。社区教育的主要对象是成年人，相较于学校教育特别是中小学教育中的学生，社区教育学习者的学习中的社交属性更为强烈。因此，课程中的物质条件准备和教学形态方式等常见的"情景"建设更为微妙。一方面，这些"情景"能够促成学习者的学习，增进学习者的感性体验；另一方面，这些"情景"也可能导致课程的"虚假繁荣"：在游戏和娱乐之中将课程的气氛搞得过于"热闹"，反而淹没了学习和教育目标，导致社区教育滑向"庸俗化"，进而影响政府和社会对社区教育的功能评价，也损害了社区教育事业进一步发展的基础。

而社区教育的课程实施也一再说明，好的教学活动本身就是最朴素最恰当的情景构建。在前节"养老投资防骗"的课程中，教师仅凭借恰当的语言表达和丰富的生活智慧就为学习者建构了一个具有多层次的生动的体验情景。反之，如果课程的教育内涵薄弱，知识技能等容量过低，即便是将课程的教学过程搞"热闹"了，问题依然存在。因此，社区教育工作者不应过度"迷信"情景建构，而要回归教育的本真，在充分尊重学习者的同时，也要重新认识教师在课程中不可替代的作用，深入研究社区教育的教学管理。

人们对于教学的理解是丰富多元的，对社区教育学习者而言，仅仅是"获取知识"取向的课程和教学是不够。因为学习者已经有了丰富的知识和体验，再将"知识"视为已完成的、封闭的客观事实教条地灌输给学习者，无疑会遭到后者的抵制。而以"知识"为切入口，反思地看待知识和生活，通过对话和学习者讨论"为什么和可能是什么"的智慧，才是吸引人们持续关注社区教育

的内在生命力。按照加拿大学者克兰顿（P. Cranton）的转化学习理论观点，成人的学习不是获取知识，而是反思知识从而实现意义体系的转化[①]。这种反思包括对知识内容、知识获取过程和知识的转化前提三个方面，见表4-1。

表4-1　克兰顿的反思类型与转化学习关联表[②]

反思类型	意义结构			可能引发的效果
	认识层面	心理层面	社会语言	
内容反思	我有什么样的知识？	我对自身和外界有怎样的看法？	社会的规范要求是什么？	个人意义体系的转化
过程反思	我是如何获得这种知识的？	我对自身的知觉是如何产生发现的？	这些社会规范是如何形成的？	
前提反思	我为什么需要或者不需要这种知识？	我为什么会质疑这种知觉？	这些社会规范为何是重要的？	

因此，客观看待"情景"的价值，重视课程中的情景服务知识反思的切入方式，通过语言情感表达使"情景"切实地为讨论知识服务，完善课程教学的监测评估，以此取得课程建设的长效发展。

三、游学课程有机整合

在此，一些以情景学习为特点的社区教育课程实施模式值得社区教育工作者关注和思考："情景"在课程中究竟应当有怎样的分量。"游学""研学"类课程项目是当前社区教育实践中较为流行的一种情景化的学习方式。这种课程形式在多个维度具有独特的意义价值，它以区域内自然和人文资源为依托，使学习者通过亲身体验而获得认知、态度、情感和智慧生成。较之于通常意义上的课堂教学，这类学习更加突出具身性，强调通过学习者观察操作和实时领悟。其实，这种学习思想有着悠久而朴素的渊源。"游学"一词在《史记·春申君列传》中最早出现："游学博闻，盖谓其因游学所以能博闻也。"我国古代诸子百家都有游学的传统，孔子带领弟子周游列国更为人们所熟知。"读万卷书，行万里路"，通过游学能够增广见闻，促进学习，为历代学者所认可。而反观当前社区教育中的游学课程，其中的工作碎片化，发展不可持续性的倾向较为显著。

---

① 徐君，邱雪梅：《成人转化学习理论述评》，《教育发展研究》2010年第21期，第5～8页。
② 董雁等：《成人教育学》，陕西师范大学出版总社，2021年版，第113页。

从管理角度看，游学课程管理运作项目化色彩浓厚，部分游学"课程"、游学线路的形成常常是某项专题工作的配套产物，缺乏统一的规划设计和运维管理。个别游学"课程"甚至是临时组装的产物，不具备实际执行的能力。而能够实际运行的游学"课程"治理结构较为混乱。由于"游"的配套资源并不掌握在社区教育机构手中，须由文旅单位进行配合，因此很多游学"课程"难以形成以教育或其他主体单独主导的业务，导致这类课程的性质定位难以界定，进一步地，将导致管理收费、持续运营等方面面临极大的不确定性。特别是，公办社区教育机构直接主办游学课程将面临现实的政策风险。

从当前游学课程实施的普遍情况来看，"游"的性质较为浓厚，教育性和学习色彩反而薄弱。导致这种现象的主要原因在于两个方面，首先，是对学习"情景"的过度推崇。游学课程的实施大多在特定场景，如农业园区、艺术馆等。而在开展游学之前，学习者普遍没有相对专门的学习过有关游学专题的内容，而是到了场景之中再来学习。比如"茶文化游学"，往往是学习者到了茶厂茶园参观，再集中起来开展品茶制茶的学习体验。这种实施模式使学习者不具备前置的知识经验，而是喧宾夺主，直接进入斑斓的教学"情景"之中，反而使学习者搞不清课程的主角到底"学习"还是"情景"。更进一步看这种"课程情景"与"旅游"有本质差别，反倒使课程的教育内容成为无足轻重的部分。其次，是"游"与"学"的结合生硬。部分游学课程中的场景和内容适配度不高，相关教学内容与授课外在环境的搭配较为牵强。如组织学习者在公园学习手工编织，在绿茶种植园学习红茶知识，在风景名胜区学习太极拳等。这种外在环境的设计存在着为"情景"而"情景"的嫌疑，进而进一步淡化了"课程"中的"教育"主题。当"游"的环境和"学"的内容脱钩之后，游学课程的目标定位更加尴尬：它不是纯粹的学习活动，因为"课程"中存在一系列的旅游要素，如往来交通、参观访问、用餐消费等；但它也不是完全的"玩耍"，因为传统的旅游项目不会植入体系化的教育内容。因此，这类游学"课程"较难得到学习者的青睐，它对于倾向于旅游和倾向于学习的消费者都不是首选项。

综上来看，游学课程有着自身独特的意蕴价值。但是，当前的一些社区教育中的游学课程将"旅游"和"学习"机械组合为"游学"的方式不可取；教育机构无法独立运营"旅游"和"课程"的组合，并且将"旅游"本身具有的隐性教育意义牵强解释为"课程"产生的教育作用，大大抑制了游学课程的深度发展。因此，社区教育的游学课程应该摒弃机械化的"游""学"整合，提倡"游学"的有机整合。

在课程观念上，应当是以"学"为主，以"游"来促进、体悟"学"，而不是先找到可以"游"的景点，再来考虑搭配"学"一点什么。比如，游学课程可以建立在社区教育其他前置课的基础之上，实现学习和出游的"长线"组合。如学习者学习一期书画类课程后，可组织学习者到有关博物馆等处参观学习；学习多期器乐类课程之后，学习者可以到音乐文创基地、乐器制作工作室等场域加深学习印象。在这种游学课程中，教育内容不一定是前置课程中未学习过的新内容，还可以基于"情景"对学习过的内容进行综合的回忆和再梳理。

在游学课程的运行方式上，应当改变由社区教育机构单独实施的"小马拉大车"的传统模式，将课程运营作为多元主体协作共赢的一种平台。比如，以较为灵活松散的组织形态，联系社区教育机构、文旅企业、社会组织等共同参与"游学课程"的开发工作——文旅企业可提供旅游相关资源，教育机构可开发配套的课程并通过实体办学涵养参加游学课程的生源基础，而社会组织等可以通过机制灵活的优势组织。

四、理性审视课程功能

从本章的讨论不难看出，社区教育的课程对社区治理有着独特的价值，这一论断的证成可以来自多个方面。

社区教育课程的内容构成从表面上看，课程内容覆盖多元，但就其来源来看主要取决于社区教育机构的主动筛选和社区居民的学习需求。社区居民的学习需求与社区治理的问题具有内在的同构性，居民的学习需求正好反映了该社区在治理方面的重点问题。例如某社区居民对养育幼儿的学习需求十分集中，证明本社区的婴幼儿数量较多；而某社区对人文课程和读书沙龙等具有较强需求，则表现该小区居民对于生活品质提升的内在要求较为强烈。社区教育机构主动选择的课程内容多为国家和社会所关切，比如聚焦社会主义核心价值观、防骗反诈、法治、道德等内容，则与社会治理密切相关。总之，社区教育课程内容是国家和社会以社区教育课程的形态要求社区居民了解掌握的知识和传导的主流意识。无论是居民自身的学习需求还是国家的社会意识传导，社区教育课程的内容都与社会、社区密切相关。

社区教育课程实施又包含了许多"治理"的因素，课程在社区环境中实施，不少街道社区的课程就开设在社区服务综合体中，而共同参课的学习者大多就是周围的邻居，"学习"与"治理"在情景上是同构的。授课教师除了具有专业人士的身份之外，还有不少是本社区中各方面有一技之长的"贤达"，而学习者往往又通过交流互动形成志趣相投的自主学习团体，这些团体往往在提升和展示其学习成果的同时直接参与到社区服务活动中。比较常见的例子如居民学习歌舞之后结成兴趣表演团队，并参加本社区组织的各种活动。因此，课程学习的组织形态也与社区治理同构。

那么，是不是社区教育课程就是社区治理在教育中的形态呢？社区教育工作者们往往单方面地对此表示肯定，但是正如第四节课堂实录六那堂"失控"的垃圾分类课一样，结果并非完全如此。

将社区教育服务社区治理作为应有之意，大抵是一种功能主义的看法。功能主义是一种人类学和社会学的重要方法论，早期的功能主义者孔德认为，现代社会已经演化到了相当的程度，以至于其精细度可以媲美生物体，而社会实体的结构就如同生物体那样，每个部分都有其对于整体的独特作用①。教育社会学的创始人涂尔干则对教育和课程的社会功能作了这样的判断：教育的功能在于使学习者产生他所属的社会认为的其每个成员不能不具备的身心状况，以及他所在的特定社会群体认为其全体成员必须具备的某些身心状态②。涂尔干的论断出现在百年之前，但将他的观点引入社区教育，就不难发现其与"社区教育在各方面都促进社区治理"已经有着相当的内在一致性。在其后的帕森斯通过其"AGIL模型"力图从教育和课程等多方面促进人的社会化以及选拔功能来说明其社会功能③。

这些研究虽然来自西方国家，但是表现了人类社会普遍而朴素的课程功能观念，即教育从任何方面看都是一件"好事"，课程对社会的影响是多方面且均为正向的。回顾社区教育的课程，其正向效应无须再做赘述。而后来者对教育中功能主义的批评却对社区教育的课程功能观则更具启发意义。

功能主义的教育"唯正向功能"观点在理论分析上有多方面的瑕疵。比如，认为所有的社会结构和现象都具有某种内在统一性，将其促进社会整合功能作为假设的前提。而教育和课程作为一种重要的社会现象，自然对社会的治理就存在多方面的正向功能。而最为显著的问题是，这种理论在逻辑上将教育和课程的"目的"和"功能"相混同，所谓的社会功能更多的是课程目的达到之后"应当"实现的效果。这是人们主观上对教育的美好期望的阐发，而不是

① 胡振京：《功能主义教育功能观评析》，《天津市教科院学报》2008年第6期，第8~11页。
② 张人杰：《国外教育社会学基本文选》，华东师范大学出版社，2009年版，第6~8页。
③ 柳亮：《帕森斯论美国高等教育》，《清华大学教育研究》2018年第39期第1册，第48~50页。

教育和课程实际上必然导致的结果。因此，课程的设计实施不必然能够实现课程目的，而课程目的自身也未必仅具有正向的社会效应。

上述讨论不断提醒社区教育工作者应当理性地把握社区教育课程的功能。在实践中，社区教育课程的正向效应正在逐渐拓展，并且产生了许多鲜活案例。作为教育行业的从业者，从业务宣传和价值推广上强调有关案例的宣传无可厚非。但是，社区教育课程对社会的贡献也不应当过分夸大。例如，一些社会贤达参与社区教育授课，可以说社区教育课程为其提供了服务社区的新平台，但其个人的经验和底蕴是先在于社区教育课程而存在的；市民踊跃地参与社区教育课程学习，进而服务社区的治理活动，这其中固然有社区教育本身的感召效应，但也更有赖于整个社会经济的发展促进了人的全面发展解放。

更重要的是，正如所有的教育和课程总有其适用范围一样，社区教育课程也总有力所不及之处。总体而言，一门课程的学习对人的影响是持久但缓慢的，而社区中随之发生着各种变化。社区治理当然需要教育，但社区之中存在的许多问题，社区居民的众多关切都并非以教育为主线，而是建立在多元而复杂的社会法律关系之上。因此，社区教育的课程应当坚守教育教学本位，在此基础上助力社区治理活动。如果过于依赖社区教育的社会功能，不顾每个社区发展的现实情况和历史走向，盲目地将社区的治理对话场景搬进社区教育的教室，或者将治理过程生造为教育过程，其结果必然使预想的课程效果和社会效果均无法实现。

第五章　个体与全局：社区教育的教师与学习者

　　自 1968 年美国教育学家赫钦斯（Hutchins）出版《学习型社会》一书以来，"学习型社会""学习型城市"逐渐成为全球都广泛关注的教育与社会发展政策，在我国同样也深度融入教育和社会发展战略。《中国教育现代化 2035》对教育现代化建设进程做出了全面系统的规划，将"构建服务全民的终身学习体系"列为十大战略任务之一。党的二十大报告更明确提出要"推进教育数字化，建设全民终身学习的学习型社会、学习型大国"。而在教育部《学习型社会建设重点任务》之中，社区教育又被摆在了重要地位，各地社区学习中心建设、社区教育课程建设、社区教育品牌项目建设都被视为"学习型城市""学习型社会"建设的基础。

　　学习型社会作为终身教育思想大力倡导的一个方向，与社区教育的渊源深厚。学习型社会是人们在知识社会和知识经济时代对教育的自觉转向，教育不仅是传统意义上那些"学校之中的事情"，教育和生活实现了更加紧密的结合，教育的终身化发展，教育对人自我实现的主动赋能等方面都将成为社会对教育的新要求与新期待[①]。社区教育在上述方面都有独特且不可或缺的作用，正如其作为终身教育实践的重要载体那样，它以灵活的方式为人们提供方便可及的学习资源，以广泛的服务范畴包容不同年龄和阶层的学习者，以多元的课程超越传统教育的局限。因此，不管在理论和实践层面，发展社区教育都是"学习型社会"和"学习型城市"建设的必由之路。而社区教育对"学习型社会"和"学习型城市"建设的全局性作用，又体现在社区教育对于每一个学习者的具体服务上。由是，选择从整体角度还是从个体角度看待社区教育的参与者，将对指导这种教育活动实践带来观念上的理论依据。

---

　　① 屈林岩：《学习型社会教育范式的转变与学习创新》，《教育研究》2009 年第 18 期，第 112～114 页。

第一节　社区教育教师的角色期待与困境

一、社区教育的教师队伍结构

毫无疑问，社区教育教师是学习型社会和学习型城市建设的重要参与者。无论是社区教育自身的内涵式发展，还是真切落实社区教育服务全民的现实承诺，都离不开一支可靠的社区教育教师队伍。而在现实中，"一支队伍"显然不能够尽数涵盖社区教育教师的队伍结构。

基于社区教育课程多元、形式多样的实践现实，社区教育的教师也有着广泛来源。按照参与社区教育工作的性质划分，可以将社区教育的教师分为专职教师、兼职教师和志愿者。专职教师是指与各级各类社区教育机构建立人事或劳动关系的教师。正如第三章讨论的那样，这类教师日常从事的工作类型非常多样，既作为社区教育机构的工作人员从行政方面完成本机构的日常运转，又要作为教育专业人员实施教学教务管理、具体教学等，还要作为教育系统的一分子支持教育行政系统的中心工作，例如抽调参加一些专项工作等。兼职教师参与社区教育的性质相对单纯，他们多是在社区教育机构固定参与某类专业课程的授课工作。而社区教育的志愿者在管理学意义上也可以视为社区教育的教师。在实际工作中，还有不少社会人士通过某一些契机事实上参与到了社区教育授课和活动组织，例如通过项目形式参与社区教育活动策划的人员，通过各类团体组织参与到社区教育服务的人员，通过社会贤达身份受邀参加活动的临时性教学人员，他们事实上都履行了社区教育教师某一方面职能。当然，就组织管理和职能承担的角度看，志愿者虽然具有不容忽视的基数，但由于其参与社区教育具有高度的不确定性，社区也难以对志愿者群体做出较为统一的刚性规制，因此发挥社区教育志愿者的更多价值在于扩大社区教育的社会基础，而非师资建设。

而从专兼职教师的结构看，社区教育教师专兼职教师的功能定位还可以做细分。兼职教师的数量远大于专职教师，主要是由有一技之长的专业人员构成，他们中的大多数参与社区教育的目的在于获取报酬，少部分则是通过社区教育活动实现自身价值。因此，兼职教师是社区教育课程实施的主体，主要以市场化的方式加以驱动。社区教育专职教师队伍同样也不是铁板一块，其内部构成表现为金字塔结构。在省、市一级的社区教育专职教师集中来源于省、市级开放大学和职业院校，这部分教师普遍具有高等教育的工作背景，在整个专职教师队伍中数量较少。数量最多的专职教师来源于区县级社区教育机构，主要由具有中小学教育方面工作经历的教师组成。从兼职教师绝对数量大而承担业务相对单纯，而专职教师绝对数量少但承担任务综合化程度高的这种现实格局看，可以说兼职教师是社区教育授课的主体力量，而专职教师是社区教育事业发展的骨干力量。那么，作为骨干的社区教育专职教师个人需要扮演何种角色呢？

二、社区教育专职教师的角色期待与冲突

人生活在社会中，总需要扮演各式各样的"角色"才能够从容应对现实生活。教师的角色期待是指，人们对教师这种职业从业者所应表现出特定行为和特质的期待。[①] 作为社会的一员，社区教育专职教师有意无意地承担着各种角色期待，家庭中的家长、父母、子女，购物活动中的顾客，等等。仅在社区教育工作之中，特别是在学习型社会、学习型城市的应然语境下，作为社区教育专职教师被期待同时充当多种不同属性的角色。一是经典意义上的教师角色。即社区教育专职教师要能够教授学习者某一门或某一类课程。这要求教师要具有相关的业务知识技能和教学能力，能够把握课堂并完整地演绎课程内容，实现教学目标。二是教务管理者的角色。即社区教育专职教师除了课堂教学之外，还要负责社区教育机构的课程开设与安排、学费收取、教学管理与反馈、班级管理等工作。三是行政工作者的角色。即社区教育专职教师要作为所在机构的一员，服务本机构日常运转，包括文电、会务、财务、后勤等。四是社会活动家的角色。由于社区教育并不是传统意义上发生在"围墙中"的教育，而是要以灵活多样的形式深入社区基层，社区教育活动需要基层在场地、志愿者、经费等各方面给予支持或倾斜，这要求作为社区教育活动重要组织者的专职教师必须与社区、社会组织等建立起良好的合作关系，使它们能够认同和支持社区教育的课程开设。五是项目策划师的角色。社区教育以服务社会中各类人群的多元学习需求为基础，这种学习需求不同于普通教育之中被社会和学校

---

① 朱沛雨：《角色期待与教师角色社会化探析》，《当代教育论坛》2007 年第 21 期，第 108～109 页。

赋予特殊地位的学科课程。社区教育的课程学习取决于学习者的兴趣，而不是被规定的学业任务，并且不需要通过考试等手段进行阶段性评价。社区教育面对"自发"而非"义务"的，"生活化"而非"学术化"的，"社会化"而非"校园内"的学习需求，需要通过各种机制多样的项目激发市民的学习愿望和需求，调动社会力量支持参与教育活动，这样，其工作任务也就进入了社区教育教师的职责范畴。它不同于普通教育中教师对教学活动（如探究性学习活动、教学实验等）和学生活动（如文艺表演、春游等）的策划，而是强调将终身学习作为内核植入社会化项目并持续运作，不断拓展社区教育本身的发展空间，项目的主要内容除课程和教学外，还延伸至社区教育的阵地、师资、机制等各个方面。社区教育专职教师还被赋予了教育研究者的角色，这种角色来源于社区教育专职教师传统教师和项目策划者的角色要求：社区教育教师不仅要研究教授课程有关的专业知识，还要研究社区教育本身的理念机制、项目意蕴、课程形态等。

综上所述，社区教育教师的角色期待对教师工作提出了不小的挑战，它要求在社区教育专职教师在多幅"角色面孔"之下，在个人能力方面成为"多面手"。首先，社区教育专职教师要具备教学和科研能力以完成教师本位的授课和研究工作。其次，社区教育专职教师还需要遵守科层组织制度之下的行政逻辑，在领导的指挥和同事的配合之下完成社区教育机构的内部治理工作。最后，社区教育专职教师需要具备一定的组织协调和社会动员能力，一方面能够有效地开展项目策划，另一方面能够维护和社区教育机构有联系的各个方面，以维持良好的工作关系。可见，社区教育专职教师被期待的角色之间既有一定融合又存在较大的差异。融合的基础在于全面做好社区教育工作的实践要求；而差异的产生则来自这些角色期待之间的行动逻辑不同从而引发了文化与伦理冲突。

对于教师的角色冲突，国内外不少学者从心理学、社会学等学科视野做了系统研究，这些研究主要是聚焦于学校教育意义下的教师[1]，认为教师的角色期待冲突主要源自于作为"同事"的角色期待和"教育者"的角色期待之间的内在要求差异，即前者是基于教师"生活在教师群体"中的要求，而后者则是基于教师同时也"生活在学生群体"中的现实[2]。同样的，社区教育专职教师

---

① 杨敏：《近十年国内关于教师角色冲突的研究综述》，《科技信息》2014年第11期，第2~4页。

② 吴康宁：《教育社会学》，人民教育出版社，2019年版，第238~239页。

也面临类似的角色冲突。从上述社区教育专职教师的能力要求可以看出，社区教育专职教师的角色期待指向多种不同内涵的文化倾向。广义的文化几乎是一个无所不包的概念，它包括社会总体状况、经济关系、生产状况、组织机制、普遍心理等；而在此，文化指较为狭义的涵盖范围，即一定社会群体习得并共有的一切观念和行为[①]。

首先，是"学术本位"的文化，这是基于社区教育专职教师从事具体课程教授以及开展专业研究等职能所依赖的文化场域。由于教师自身在接受系统教育阶段所受的专业教育，以及从事社区教育工作之后教授课程内容与业务研究等原因自然形成的一种文化。例如，有的社区教育专职教师在大学学习的是艺术类专业，从事社区教育工作后又教授和研究艺术课程，因此自身带有相当"艺术气息"，在教育研究活动中面对学习者时具有"文化代言人"的特征。同理，接受过科学领域专业教育，或者拥有相当专业技能的社区教育专职教师都会在不同程度上表现出有关领域的"专家"色彩。这种"学术本位"的文化激励着教师知识技能的精深化发展，以专业水平的高低作为评价教师成就的主要标准。并且这种文化具有相当程度的自由倾向：社区教育专职教师具有教学自由[②]。在符合道德要求及政策法律规范的前提之下，社区教育专职教师可以将课程教育作为自身独立的、个性化的创造过程。他们在这一过程中根据自身的认知、感受等对知识和意义进行个人化的翻译与转码，通过他们自由选择的表达方式与教学手段向学习者充分呈现。此外，社区教育专职教师还可以根据自身的兴趣，通过调查、分析、论证、反思等各种方式，自由选择支持研究所教授课程的专业知识和教育教学本身。这一过程是也是社区教育专职教师作为教育者的心理自由和行动自由的表现。

其次，于"学术本位"文化相异，"行政本位"文化也是社区教育专职教师现实中所处的文化环境。如果说"学术本位"是社区教育专职教师面向"教育"和"学习者"的文化倾向，那么"行政本位"则是教师之间的同事文化。社区教育专职教师之间的年龄、性别、教育背景、工作经历等各不相同，在共事过程中既要克服个体差异，也要协调彼此的利益关系，形成一个有机团队。这是一种互相尊重但又分工明确的理性文化。无论是领导和教师之间，还是教师和教师之间，首先都是作为"同事"互相尊重，并维护团队和集体的利益，

①　郑金洲：《教育文化学》，人民教育出版社，2019年版，第6页。
②　汪晶：《教师的教学自由：内涵、特征及其研究路径》，《浙江教育科学》2014年第6期，第17~18页。

进而才是为教师个人才能的发挥、追求个性化发展创造条件。当然，这种文化并非倡导无差别的平等，教师要尊重行政管理规则，遵守行政伦理，服从领导的行政安排完成相应工作任务。除了在行政类型的工作中把握好上下级和同事之间的关系，教师自身还需要履职尽责，完成自身岗位要求的管理任务。相较于前述的"学术本位"文化而言，这种行政文化使社区教育专职教师的工作具有类似于公务员工作的一面，如果说前者的主题词是"自由"，那么这种文化则更多地强调"规矩"。在这一视角下，评价教师是否优秀的标准在于其是否遵守工作纪律，能否有效地执行工作任务。一方面，这种文化倾向是由社区教育作为社会性教育的理论特征造就的，这种社会性的大教育天然需要强力的政府支持，因此行政沟通协调和准行政化的工作在社区教育机构中较之中小学更为集中。另一方面，社区教育机构自身面临的现实治理环境也与"行政本位"的文化相一致，这在第三章中已经进行了讨论。

而在前两种文化之外，社区教育专职教师还常居于"交际文化"之中①。由于每个社会群体分享的观点和概念不尽相同，在沟通交流时会因对概念和事物的认识差异产生困惑误解，此种情景下的交际文化正是人与人之间通过传递信息、交流思想，以达到观念共享过程的文化现象。不同于学术本位文化的个人导向和行政本位文化的规范导向，交际文化具有灵活多变的特征。相较于"学校教育"这种学生上门接受教育的服务模式，"社区教育"作为新生事物，就需要主动吸引社会各主体的关注、参与和支持。社区教育专职教师需要具有高度的社会敏感度，通过日常化的语言、情感表达、信念传递等方式使得原本不清楚"社区教育"是怎么一回事的人们了解并支持社区教育活动，除了号召潜在学习者参加社区教育课程学习，还包括动员社会各方面的力量共享和整合社区教育各方面的资源。因此，社区教育专职教师还被期待为社区教育的"形象代言人"，以教师作为中介，将社区教育服务的各个方面作为"接口"，并且巧妙地以项目活动、品牌主题等形式封装起来向社会推介，以实现社区教育和社会其他方面的共赢。就以"能者为师——寻找社区好老师"品牌项目为例，该优选活动以不设置门槛为前提，吸纳各个方面有一技之长的社会贤达同台赛课为基本形式，并且邀请市民担任教学比赛的大众评审。一方面，该项目为社区教育扩大了各类课程兼职教师的来源；另一方面，社区教育赛课本身也向社会各界提供一个展示学习成就的平台，拓展了社区教育的社会影响力。诸如此类的社会化项目，需要社区教育专职教师团体策划发起，而胜任这类工作的能

① 张先亮：《交际文化学》，上海文艺出版社，2003年，第12~14页。

力要素在于"沟通"和"创新"，因此社区教育专职教师在学术倾向的"自由"和行政倾向的"规矩"外，还需要适应具有一定创造性的工作文化，被期待成为"社会活动家"。

以上三种社区教育的文化倾向，导致社区教育专职教师面临长期性的角色冲突。即同时作为一名教学研究的专业人士、一位体制框架下的行政工作人员、一位推进教育事业的社会活动家，他需要采取不同行动逻辑和带着不同的文化气质。相较于传统意义上中小学教师通常只面临"专家"还是"管理者"的角色冲突，社区教育工作自身的特性无疑对教师平衡角色期待产生了更大的挑战。固然，角色冲突的影响并不都是负面的，教师解决角色冲突的过程是自身发展成熟的过程，教师在这一过程中有利于提高自主意识。适度的角色冲突能够使教师保持职业新鲜感，妥善地处理角色冲突也是促成教师成就感获得的重要方式。但是，角色冲突如果长期困扰教师将导致一系列消极现象产生，也会对教育和管理活动带来持续性的负面影响。例如，动摇教师职业信念，影响教师队伍稳定；由于在多个角色间的选择不适当，造成教师的主观能动性发挥受挫；长时间的情绪内耗，影响教师的身心健康；等等。教师的角色调适则同时依赖于自我修养的提升和外界环境的帮助，而社区教育教师的角色调适又面临多种挑战。特别是现实中普遍存在的社区教育领域教师角色不清问题，不仅使社区教育专职教师不易于调适理想中的三种角色，还使众多教师不易于扮演好三者中的任何一个角色。

三、社区教育专职教师的角色不清

如果说社区教育专职教师的角色冲突更多的是社区教育工作从应然层面透露出的潜在矛盾，那么社区教育专职教师的角色不清可谓是社区教育专职教师在现实语境中的困顿之源。在社会心理学意义下，角色冲突与角色不清同属角色失调的范畴，角色不清指角色承担者乃至社会大众对于某一角色的行为规范不清楚、不了解，不知道这一角色应该做什么、不应该做什么以及如何去做。[①] 社会对于中小学教师、学前教育教师、高等学校教师都有明确的认知，而从业者通常也能够快速把握相应角色的要求。社区教育专职教师则不然，一个较为根本的问题在于"社区教师权威"的来源不足。

教师权威是教师在他人心目中和社会舆论中所形成的威望和信誉，可以引

---

① 戴维·迈尔斯：《社会心理学》，侯玉波等译，人民邮电出版社，2006年版，第78页。

起或者维系他人心理上的一系列积极的反应态度，也可以使自身受到广泛的认可、尊重与信赖，从而拥有对他人的号召力和约束力。[①] 教师权威主要来自其职业活动中所建立起的社会评价，这一权威高地既可以增进教师教育教学活动的能效，又对教师自我进取精神的维系至关重要。然而，社区教育专职教师当前的职业现状较难建立起强有力的教师权威。

首先，是专业权威来源不畅。当前社区教育课程建设的体系化不足，课程从开设到调整都具有较大的随意性。并且，由于成人学习者的学习需求并非系统化地掌握某种知识，而是满足知识获取、社会交往、自我价值感获得等多方面的零星诉求。因此，社区教育课程中的知识密度深度较普通教育中体系化的学科课程往往偏低。这在一定程度上影响了教师的教学权威。特别是具有中小学教师背景的社区教育专职教师与传统中小学教师相比较，由于学习者不如中小学生那么看重学"知识"，教师作为知识化身的价值就受到一定贬抑；由于教学本身所要求的知识容量不足，也导致教师在教授专业内容方面缺乏挖掘的原始动力。而在专业研究方面，社区教育专职教师也存在一定劣势。受制于当前学术管理现实，各级社区教育机构、开放大学等教师较难在较高等级的学术刊物上发表研究成果。并且，由于大多数地区和学校还没有将社区教育纳入高校教师和中学教师的职称评价轨道，这在一定程度上也挫伤了相关教师开展教育教学研究的积极性。具有中小学教师背景的教师转作社区教育教师在一定程度上就意味着职称无法再晋升；而具有高等教育背景的教师只有将实际工作和个人研究区分开，以从事其他学科研究等方式争取晋升职称。这使得社区教育专职教师的专业身份难以实现自我证成。

其次，是人格权威来源不足。在普通教育领域，教师不但是知识文化的权威，更是成人世界的代表。教师不仅传授知识，同时也对学生的思想行为做出评价和控制，是社会规范的化身之一。对于中小学生，教师是除家长以外和学生接触最多的成年人，是学生发展过程中的重要他人，[②] 教师的言传身教对青少年有着持久和深远的影响，一位良师往往能够被学生铭记终生。罗森塔尔效应正反映了这种社会心理现象，教师对青少年学生的殷切期待往往会达到戏剧性的成效。而社区教育教师对成人学习者则难以产生如此大的影响力。成人学习者已经具备了相当的知识和社会经验，他们往往以"选择"和"批判"的挑

---

① 王正平：《教育伦理学》，人民教育出版社，2019 年版，第 258 页。
② 孔祥渊：《重要他人对个体道德社会化的影响：社会学视角》，《中国德育》，2012 年第 7 期第 2 册，第 4~6 页。

剔眼光看待学习活动。教师在学习者眼中不过是在某一方面较自己掌握更多知识或技能的人员而已，甚至不少学习者还年长于社区专职教育教师，整个社区教育活动处在"互喻"和"后喻"文化之中，学习者对教师的人格尊崇显然低于校园中小学生对教师的尊崇水平。同时，社区教育作为一种以自我发展为主的公共服务，并不需要以规范化的学业考试和教师评价来评判学习者的学习效果和道德水准，教师反而需要尽可能地得到学习者的持续好评以吸引学习者和潜在学习者的参与。评价机制的倒转也使得社区教育专职教师较难建立如传统教师式的人格威望。

最后是社会权威来源不足。社区教育专职教师被期待联络和整合社会中的各类学习资源。但各级社区教育机构的业务指导职能属于教育行政职能的延伸，并非法定的职权；而学习资源的所属状况十分多元，既有教育体系内部的资源，还有文旅、科技、民政、卫健等其他公共部门的资源，更有蕴藏于社会组织、民营企业等非公共组织的资源。社区教育专职教师出于业务工作需要开展联系活动时，基于自身的工作权限事实上不具备调动整合有关资源的能力。另外，基层社区教育专职教师的结构性制度安排上也在一定程度上存在对教师权威的限制。从业务关系上，教师要接受教育行政主管部门的领导；在人事关系上，教师要服从社区学院的领导；在工作关系上，教师要接受街道办事处和社区的指导。在诸多的"条""块"之间相互交错中，教师自身的职责定位变得多元而复杂。

从上述分析中不难看出，社区教育专职教师不仅在应当扮演的角色之间存在潜在冲突，而能够扮演好其中某一个角色也存在现实中的诸多困境。社区教育专职教师如何在"教育工作者""行政管理人员""社会工作者"的角色之间取得现实的平衡事关他们的自我认同。

四、社区教育专职教师的角色认同

在前述角色理论分析的基础上，用实例表明社区教育专职教师职业认同的现状十分有必要。以下文本研究基于 52 篇社区教育教师的个人感悟、工作总结等。相关内容形成于 2016 年至 2022 年之间，包括从焦点访谈和小组访谈中的语音转录文字 40 篇，以及书面材料 13 篇，共有文本量 5 万余字。材料主要源自于成都市有关区（市）县社区教育工作者，这些工作者普遍具有中小学和学前教育教师的工作经历。有关材料形成于调研活动访谈和自述文字材料。在引用有关语言和文字表达时，笔者得到了相关人士的授权。

（一）关于社区教育工作的整体性看法

在切换教育工作业务领域，面对社区教育岗位带来的新环境新课题时，有教师这样描述道："以前是在学校搞教学，管教学。现在到社区从事教育工作，虽然性质差异很大，但是总体上来说都是搞教育讲情怀，还是有很多共通的地方可以参考。""原来只是考虑上好语文课，管好班上的学生，来搞社区教育之后，有非常多的新东西接触，比如终身教育、学习型城市，打交道的范围也广了一些，还是很有意思。"在从事过一段时间社区教育工作后，有教师这样概括道："原来让我来搞社区教育的时候，领导和我都不知道这是种什么教育，现在搞了这么久，反倒是觉得这个事情比在一般的中小学讲一门课、管一个班有贡献，老百姓真的很欢迎我们。""教学生和教群众还是不一样，真的想做好，除了教课还要考虑很多事情，总之是个善事，虽然也有些挑战。"

总体而言，在本项研究中，无论是新老社区教育专职教师，对于社区教育事业的整体持正面肯定的态度，并且这种肯定来自对社区教育价值的认同。

（二）关于社区教育教学科研的看法

由于社区教育课程的实施方式和深度与中小学有较大区别，在谈及教学内容和对象的转变时，教师普遍表现出"新奇"的态度。"我原来在小学教音乐，转到社（区）教（育）学院之后还是教唱歌，教老年人唱歌。确实和教小学生不一样，小学生学东西快，两节课唱熟一首歌基本没问题，而且纪律也比较好。老年人首先是很多人不会识谱，而且总是有自己的那套唱法。但是我还不好说重话，来的人岁数大多比我还大，还得考虑着和他们搞好关系。这也是个新课题。"而一位曾经教初中生物课的老师这样说道："之前调整到社区学院的时候，我还是有点担心是不是我'教书育人'的生涯就到头了。搞了一段时间才发现，我这个行业在社区还有其他的作为。这几年我在社区开了'阳台种花''水果百科'两门课，很受居民欢迎。他们（学习者）还经常在微信上问我，自家的花怎么养，养好了又给我发照片，大家都很开心。"一位曾担任职业中学中层干部的教师写道："教学始终要和实际接轨，在职业教育方面如此，在社区教育也一样。参加社区教育的人要求课程是什么深度，那课就应该上到什么深度，而不是老师想搞得多专业就能多专业。"与这种观点相反，也有教师在个人体会中写道："茶艺课总体来说还是太'水'了些，让人搞不清楚是在管课程内容还是在组织活动。"与之类似，一位曾经在小学教英语的教师谈道："学生的基础实在薄弱，有的音始终发得很不好，但是多纠正几次的话，学生又会说'老师不要那么较真'，久而久之也就不想管了。"而谈论教研问题时，教师们有这样一段对话："其实社区教育的课就是要实在，教研也就是大家要把讲什么讲到哪种程度搞清楚。太高级的东西反而没有必要。""您说得对，从工作角度确实是落地一些好。但是现在的情况，不去找点理论的东西又怎么能拿去评奖或者发表呢？除非我们都不评职称了。"还有教师直接指出："研究不是不做，是对基层来说不重要，就是做了也很难上台面。"综合来看，表达"课程教育性不足"有 12 篇；提到"评定职称困难"的文本有 30 篇，超过文本总体数量的 50％以上。

从上述情形可以发现，该研究中的教师对于社区教育教学方式、内容、对象与普通教育的差异问题抱有积极接纳的态度，教师常常以反躬自省的态度理解两者之间的差异并试图主动适应。但是对于教学深度的问题也让教师产生困惑，课程内涵的不足影响了教师自我能效感。在对待科研、教研的问题上，较为出乎意料的是，基层社区教育专职教师并非全然抵触，抵触原因在于，一方面工作实际需要和评审职称的条件要求存在冲突；另一方面则是苦于缺乏成果形成和展示的必要平台。

（三）关于行政工作和社会活动的看法

在本研究中，如果说在教育教学本位上教师普遍采取相对正面的看法，那么对行政工作和社会活动存在着不同程度的不认同。一位由小学校长转到社区学院的教师表示："其实来这里就是职业生涯的最后一站了，过多的事情不想管。"一位从事过职业中学数学教学的教师说："搞社区教育一方面是工作需要，另一方面也是奉献余热。""事务性的工作哪个当老师真心愿意做？还是要依靠年轻同志，老教师能搭把手就不错了。虽然我今年 50 岁了，在社区学院还是属于年轻同志嘛"，一位教师不无戏谑地调侃所在社区教育机构的人员结构。谈及整合学习资源的社会活动，有教师一针见血地指出某种现状："要想说动其他单位的，街镇的领导和干部支持我们搞社区教育，就一个老师的头衔谁理你嘛，很多时候都是依靠私下的交往补贴公事。""当然，动员其他方面支持这件事（社区教育）肯定是必要的，但是社会工作搞得太多之后，就不太容易分清楚自己到底是个老师还是一个社工了"，有教师直言不讳地道出困惑。一位社区教育管理者在总结中这样表述："整合力量只依靠老师是不行的，最终还是要依托党委政府的引领指导，动员学习者自发推广。"综合来看，表达对"教师、行政和社工多重身份实现平衡的"材料有两篇，均出自社区教育学院领导层；而表达对多重身份存在困惑的文本材料有 11 篇，多源自普通教师。

从上述境况不难发现，这些社区教育专职教师面临着机构人员结构老化，工作节奏缓慢等客观现实。行政事务性工作得不到教师内心的认可。由于社区

教育机构自身定位等原因，教师从事学习资源整合活动具有天然的局限性，且过多的社会活动会使普通教师的角色认同发生困难。

这一研究从一个侧面说明，社区教育专职教师对于其作为教师的身份普遍认同。不管在理论上还是实践工作中，他们努力完成着教育工作者的使命，但同时也会因为教学管理等没有达到自己心目中的预期而困惑。对于社会拓展式的工作，教师虽然从学习型城市建设和社区教育事业发展的必要性角度上予以确认，但对于自身从事此类活动的"合理性""合法性"存在疑虑。从本次研究中表达来看，基层社区教育专职教师对于其作为教育工作者的角色期待持高度认可态度，在实际工作中也自发地克服障碍去实现"教师"的身份。而对于行政工作者的身份，社区教育专职教师从期望到行动上的认同都不足。特别值得注意的是，对于社会工作者的角色，教师们即使认同这样的角色期待，但是在现实生活之中却未必愿意扮演这样的角色。

由此可以印证的实践问题是，站在学习型城市宏观格局下的社区教育教师角色期待和现实中的社区教育教师角色认同很难完全一致。如果说在"教育者角色"上学习型社会的理想要求和社区教育专职教师的实际选择能够达成一致，那么，当期待教师同时充当"公务人员"和"社会活动家"的理论判断成为现实要求之后，容易让社区教育专职教师产生"角色弥散"：教师对自身介入此类工作的依据、深度感到困惑，事务性工作提供给教师的自我能效感不高，而社会活动工作又让教师不易把握参与到什么深度才普遍是社区教育教师推动社区教育事业较为合适的介入水平。当社区教育专职教师存在结构性的角色不清时，显然将影响一个地区社区教育事业的进一步发展。

五、社区教育专职教师的发展激励

"激励"是一种心理范畴，即持续激发动机的心理过程。常用的激励方式包括物质激励、精神激励、情感激励、发展激励等[①]。发展激励是将员工的职业发展与组织的事业发展绑定的一种人力资源开发方式。从建设学习型城市全局角度来看，建设一支高素质社区教育专职教师队伍的重要性不言而喻，对社区教育专职教师职业实施有效的发展激励正是其中的基础环节，而发展激励同时也是社区教育专职教师队伍建设中的薄弱环节。从社区教育教师发展激励的

---

① 罗伯特·W·麦克米金：《教育发展的激励理论》，北京师范大学出版社，2008年版，第12～16页。

角度看，教师的发展激励一般包括营造良好的职业环境、提供职业生涯规划和晋升机会、实施教育培训激励等方面①。由于中小学教师和高校教师职业的发展时间较长，社会和个人对此类教师的职业认知和评价十分清晰，两者都有较为成熟的发展激励模式。例如中小学教师具有向"教学名师"和"优秀校长"等方面发展的明确职业路线；而高校教师在自身专业领域的发展路径也较为清晰。相比之下，当前社区教育专职教师的发展激励手段较为有限，其中重要的原因正是社区教育专职教师的角色不清，致使社区教育专职教师缺乏较为稳定的职业发展预期规划。同时，形成这种角色不清的复杂原因也为社区教育专职教师的发展激励带来新的启发：慎重而仔细地区分"全局视野"对社区教育专职教师群体的期待和社区教育专职教师个体的独特需求。

应当说，社区教育专职教师的各种角色失调的重要原因之一被人们忽略了，或者没有很好地区分社区教育事业全局和社区教育教师个体之间的分野。"学习型城市""学习型社会"是社区教育发展的理想方向，站在社区教育事业发展的角度，自然要对"社区教育教师"这一整体概念提出普遍性的期待，这种泛化的要求自然促使社区教育教师群体在教育教学、行政支持、社会活动各个方面都发挥价值。但是，现实中的社区教育教师是独立且独特的个体集合，每一个人都具有不同的人格特质和生活经历，不同的职业理解和追求，而解决这一冲突的关键在于，从全局角度出发对于群体的要求并不需要也不可能在每一个独立的个体身上都实现，应当充分尊重个体特质和现实基础，将社区教育专职教师也当成如终身学习者一般的发展中的个体，尊重其自我发展的意愿，通过教师的个体发展实现"学习型社会"对于社区教育专职教师群体的整体期待。

从发展激励的角度看，立足当前社区教育现实，形成有针对性的专职教师激励机制尤为重要。

第一，探索和推行社区教育专职教师分类激励。当前，许多社区教育机构不注重区分社区教育专职教师的工作职能，往往要求教师既能授课管课，又能做好行政支撑和社会拓展事务。这与社区教育机构人员规模普遍偏小以及社区教育在当地社会中的发展状况有关。与此密切相关的是，现实中社区教育有关的业务培训也普遍沦为导向不明的"素质培训"。在某些地区，宣传培训、教学培训、教务培训，乃至终身教育、学习型城市建设等理论学习都被统一冠以

---

　　① 廖庆生：《教师专业发展激励机制现状及对策研究》，《吉林省教育学院学报》2016年第3期，第110~112页。

社区教育业务培训，轮番培训同一批教师，这些内容属性指向各异的内容不仅不能将教师培养成"全能选手"，还会成为教师个人发展的负担。在社区教育内涵化发展的阶段，各级社区教育机构可根据实际情况适当探索对专职教师进行分类引导，建立对应的教师职业规划。例如，可将社区教育专职教师再细分为"教学教研型""教育管理型""组织策划型"三个类别。其中，"教学教研型"教师偏重于实际教学技能与教育研究能力的发展；"教育管理型"教师则侧重于服务行政综合和办学管理工作；而"组织策划型"教师可充分发挥其组织和社会联系动员能力，通过活动和项目扩大社区教育的阵地与影响力。教师可依据自身特点和兴趣有意识的进入对应的角色和职业发展轨道，而教育行政部门与社区教育机构应当对不同类型的社区教育专职教师提供有针对性的培养，杜绝教师培训中"眉毛胡子一把抓"的现象。

第二，创造条件支持社区教育教师立足教育本位。正如本节前一部分所述，从许多工作过一段时间的社区教育专职教师自身的角色认同来看，教师角色往往是其十分看重的身份，这其中包含着一种朴素的价值回归。社区教育是一种社会性大教育，而我国社区教育有着政府支持引领的显著特征。在地区全局层面，当社区教育在当地处于起步阶段时，处于顺应社区教育可持续发展的需要，由于社会力量的短缺，社区教育专职教师普遍承担着大量的行政延伸性工作和扩大社区教育社会影响力的动员性工作，这种安排可以说是一种工作操作层面的"权宜之计"。而当社区教育被当地民众广泛知晓，社会各类主体已经开始自发参与社区教育实践时，作为个体的普通教师直接承担行政支持和社会动员性工作，其工作的紧迫性、必要性、合理性均开始下降，社区教育专职教师也应逐渐回归教育教学的常规角色。因此，社区教育机构应当认识到社区教育事业的发展规律，打破工作模式的路径依赖，在本地社区教育发展到一定阶段后，构建教育本位的工作文化。具体可以是，将教学教研、办学管理、成果沉淀等确定为主业，压缩临时性项目活动等工作内容。而长期性项目和新发起的活动等应当聚焦学习行为、主题课程等教育要素，杜绝策划以教育为噱头的"余兴节目"。

第三，努力打通教师职业评价渠道。虽然建设"学习型社会"和建设"服务全民终身学习的教育体系"已然在全局层面成为国家战略，但不可否认的是，我国各地区社区教育发展水平不一，有的地区甚至还没有起步。在此前提下，社区教育教师很难如同"中小学教师"和"高校教师"那样在社会生活中具有典型的职业形象。因此，当前阶段很难在国家层面制定较为统一的社区教育教师的职业评价标准，这也是社区教育专职教师面临职称晋升不畅的现实问题，这也进一步延缓了社区教育教师社会角色的清晰化。但是从社区教育事业的可持续发展来看，解决教师个人的职业发展评价机制又具有十分重要的现实意义。在等待统一政策的同时，由当前实际开展社区教育工作的相关机构在现有教师评审机制框架内，突破社区教育教师职称评审瓶颈将是一项有益的探索。如第四章所展开的那样，由于社区教育的课程特征，社区教育教师的业务素养难以纯粹从"学科专业"角度进行评价。有鉴于此，不同属性的社区教育机构可适时在自身事权内尝试评审社区教育教师职称。地方教育和人力资源行政部门可在中小学教师评审中以"教育综合""教育管理""社区教育"等名义将基层社区教育教师纳入评审范围，而开放大学、高职院校等可将教师从事社区教育的教学研究、项目策划的参与程度等指标纳入本单位高等学校教师职称评价体系。可喜的是，已经有部分社区教育先行地区正在探索这种路径，社区教育教师的职业发展步入正轨未来可期。

第二节　社区教育学习者的多重角色

一、学习型社会视域中的社区教育学习者

与现代终身教育思潮的兴盛同频，"学习型社会"（learning society）这一术语的提出也出自 20 世纪 60 年代末期。赫钦斯在其《学习型社会》一书中对学习型社会进行了这样的表述："除了向每一位处在任何成年阶段的人们提供业余时间的成人教育外，这个社会还将进行一场成功的价值转换，具体的转换是让学习、抱负实现、成就人性成为它的目标，并且全部的制度都导向这一目的。"[1] 这一宏大的宣示不仅标志着教育理念的转向，同时也为社会发展增添了一重价值维度。"学习型社会"在 20 世纪 70 年代由联合国教科文组织等国际性组织全球倡导，并从 20 世纪 90 年代开始进入理念研讨和实践建构相统一的探索阶段。而学习型社会的本质和如何理解学习型社会两个问题始终耦合在一起，成为一个流变发展的过程，世界各国都立足于自身情况选择了不尽相同的回应方式。但其中也形成了一定的共识：学习型社会不仅仅是教育体系的变

---

① *The learning society*. *New American Library*，1969：134.

革，尽管教育在学习型社会的建设中地位十分重要，但是单纯的教育体系还不足以支撑一种社会形态的基础。学习型社会是整个社会的变迁，是人们通过学习充分发挥主体性、自觉性的新型社会。①

"学习型社会"和"知识社会"的概念在同一个时期产生绝非一种偶然现象，"知识社会"无疑可以视为"学习型社会"所指的方向，在"知识社会"中学会学习是一项必需的能力。② 这是由于知识是"学习型社会"的经济基础。知识经济是建立在知识与信息的生产、分配和使用上的经济组织形式。知识经济的孕育和发展建立在工业经济的基础之上，同时也是工业经济在发展困顿之时的综合产物。工业经济的蓬勃发展快速实现了人类社会的财富积累，在满足人们对物质财富的追求的同时，工业经济也为文明立下了它的规定："标准化、专业化、同步化、集中化、好大化、集约化，六个相互联系的原则所组成的工业文明法则，影响到人类生活的各个方面。"③ 正由于此，工业文明内部人们的欲望和观念造成的麻烦从近代以来就不断被批评与反思。而第三次浪潮的席卷加速了工业文明的演进，"信息"成为当前的中心词汇。在信息与知识爆炸的时代，无疑"学习型社会"所指向的社会结构能够顺应社会的快速变化。

在学习型社会的视域下，"学习"不仅具有个体层面的心理学意义，更具有全局层次的社会价值。首先，学习是人创造财富必须倚重的基础。在农业经济为主导的社会中，有形且有限的自然资源是获得财富的基础；在工业经济为主导的社会中，货币资本和制造设备是社会发展的血液；而在知识经济时代，知识和信息就是获取和积累财富的必需品。科学技术是第一生产力，知识在财富的社会分配之中占据重要地位。不同于传统社会，现代社会的人们通过在一定的人生阶段学习"经典知识"就可以受用终身；持续不断地学习是人们融入知识社会，实现就业发展的基本路径。其次，学习是人实现稳定生活的必要手段。在信息社会，每一个人都无可避免地面临着无数的信息选择。一方面，人们需要寻找和依赖各种信息资源，以此顺应当前社会衣食住行的供给模式；另一方面，人们又不得不随时学习如何将各类有效或无效，有益或有害，正确或谬误的信息做筛选，通过审视、辨析等方式处理信息，使之最大限度地有利于自己的生存发展。数字时代不能驾驭数字化设备和适应数字化方式的人群必然

---

① 梁艳茹：《学习型社会》，天津人民出版社，2020年版，第9页。
② 联合国教科文组织：《联合国教科文组织世界报告——从信息社会迈向知识社会》，2005年，第22页。
③ 阿尔文·托夫勒：《第三次浪潮》，中信出版社，2018年版，第8页。

被社会发展的洪流边缘化。最后，学习是人的一种被解放的内在需求。人的本质是社会关系的综合，而人的解放程度是社会进步的重要标志，人在与自然和社会的关系中得到的自由越多，解放程度就越高，社会的发展就处于更高的水平之上。① 在以往的社会之中，学习更多地呈现"生存"的价值，即从自然和社会的角度看，不学习则无法谋生；而学习型社会中的学习则在此基础上增加了更多"存在"的属性，即学习满足于人的自我发展与完善，使人活得更像"人"，具有显著的个人化、个性化色彩。学习意蕴的这种质变正是人的"主体性"不断显现的过程。

正因为与传统社会对"学习"的理解不同，社区教育显然成为建设学习型社会意义的重要实践载体。作为"学习型社会"概念的源头，赫钦斯认为在一个学习型社会中："每一个公民享有任何情况下都可以自由取得学习、训练和培养自己的各种手段。"这至少表明了学习型社会中教育的三重特性。一是教育和社会生活紧密贴合。学习型社会要求"学习"可以自由地发生在任何场所，这种大教育观让教育超越校园的范畴。而社区教育正是实现教育在生活世界功能实现的重要方式，它不再要求将学习者抽离出原有的生活场景而被放置到特定的场景接受教育，而是将学习时段、学习空间、学习样式等与人们的生活相衔接，通过提供开放多样的学习机会和共享多元的学习资源向社区居民提供可选择的教育服务。二是教育的终身化。联合国教科文组织《学会生存》报告指出"终身教育是学习型社会的基础"，这是现代社会与社会主体的共同选择。社区教育作为终身教育思想的重要载体，继承了"教育即生长"的内涵。传统教育体系把教育限制在人生的某一个时期，并且集中地学习系统化的抽象知识。由于现代社会知识的爆炸式发展，一劳永逸式的学习已不可能，而社区教育正为学习者提供全部生涯的多维度教育，它以其特有的灵活性服务社区中不同年龄和阶层的学习者，帮助他们在快速流变的社会现实中获取便捷的学习体验。三是教育是人主动自我建构的路径。教育与社会发展并不总是同步的，除了教育与社会发展并行的情况之外，教育也可能超前或落后于社会发展。例如，在西方工业社会发展初期，西方的经典教育和宗教教育即对社会的发展有所阻滞。而《学会生存》指出："教育在全世界的发展正倾向先于经济发展，这在人类社会历史上大概还是第一次。"② 学习型社会破除"工业社会"的隐

---

① 于萍：《马克思人的解放理论意义探寻——对共产主义的一种解读》，《求实》2011年第11期，第15～18页。

② 联合国教科文组织国际教育发展委员会：《学会生存：教育世界的今天和明天》，教育科学出版社，1996年，第37页。

喻，增强社会生活中普遍存在的教育形态之效能，强调学习者通过教育成为自己的主人。而社区教育承担了这样一种大教育的使命，它提供的教育环境旨在促进学习者发展自身知识、能力和思维模式，且使人们在学习的情景之中反思自身，通过学习者的主体意识将自身既作为客体也作为主体观察，不断完善学习者的心智结构，从而实现人的发展。

由此观之，在"学习型社会"视野下，社区教育的学习者至少有着这样一些"相貌"。一是学习者形象的全民化。学习型社会强调人人享有同等的学习权利，人人都是学习的主体。人永远处于"未完成"的状态，在每一个阶段都具备相应的学习能力和学习需求，学习并非在校学生的专利。社区教育正好是打破了学校教育的藩篱，所有生活在社区中的人都是学习者。二是学习者行动的自觉化。作为"学习型社会"的中心词，"学习"成为这种社会中人的生存方式。不同于漫长而稳定的传统社会，当下人们生存所依赖的环境处在快速变化之中，人们不得不通过持续的学习以维持自身的竞争力，维系自己在就业、社交等各方面的基本需求，可以说"学习"成为人们的生存本能，在"学习"中扮演着人生发展的桥梁。由于机械制造、电子信息、人工智能等方面的充分发展，人们从繁重的体力劳动中解放出来，拥有了更多余暇。正如亚里士多德所说，哲学起于闲暇。当人们在生存之余有了更多的精力时，作为主体的自我意识将进一步觉醒。于是满足每一个人自身独特需求的各种诉求被激活，而学习新知成为其中的重要一环。这种"学习"不再追求被严格规范化的"课本知识"，而促成个人知识在更大的范畴之内融贯，以实现知识生长为智慧。① 由此，内容和形式多元化的广义学习成为人们生活的一种自觉。而社区教育正好能够恰如其分地嵌入人们出于"发展"意义上的学习需求之上。社区教育中许多难以纳入学校教育课程之列的内容，形态各异而又共同服务于个人反思的学习模式正是最好的印证。因此，参加社区教育成为了学习者的生活方式。

当然，学习者自发且自觉地参加社区教育似乎显得不可思议，这是由于上述学习者的"面貌"是从理论演绎出的画像，要实现需要极高的社会条件。它需要社会具备相当的物质技术条件，能够让社区教育实践活动能够支撑起所有人可选择到自己所需的灵活教育资源。此外，它还要求社会主体的"主体性"已经有了相当的发展。此时"学习型社会"不再只是教育工作者的单向期待与宣导，而是由于人们已经自主自发地认识到"学习"对于自身的完成和自身在

---

① 蔡春：《个人知识：教育实现"转识成智"的关键》，《教育研究》2006年第27卷第1期第6页。

社会中的栖居起着至关重要的作用，包括教育工作者在内的所有社会人群共同用"学习型社会"来描述这种公认的社会意识。于是，在"学习型社会"建设的当下，教育工作者不能够将学习者的理想"面貌"与当前社区教育实践面对的真实受众相混同。

这种时空混同容易造成两个方面的逻辑错误，一是试图仅仅通过社区教育的教育内容将参与其中的市民培育为"自觉的学习者"。学习是一种复杂的心理和社会行为，教育无疑是帮助和促进"学习"的重要方式，但要使一个人的"学习"转变为自觉自发行为，不可能只依靠教育。从理论意义上看，社区教育固然是教育服务学习型社会建设的重要方面，但教育仅仅是建设学习型社会的环节之一。从 UNESCO 学习型城市的"六大支柱"来看，没有哪一项专指"社区教育"，但其中的每一项都潜含着对教育机会和教育政策环境的要求[①]。这正如当前社区教育的实践，社区教育固然能通过教学内容潜移默化地发挥教化感召作用，但较之学校教育，社区教育并不以内容的专业度见长；其作为一项社会性教育，社区教育在提供泛在的学习机会和资源方面具备学校教育无可比拟的特殊优势。因此，当前社区教育实践更为突出的价值正在于为学习型社会和学习型城市营造多元的学习氛围。社区教育形塑的学习氛围将逐渐引导社会中的个体成为符合学习型社会要求的个人，而不是短时间内将人们教化为自觉的学习者。

二是不自觉地以"学习型社会"理论框架下的教育来评估衡量当前社区教育的效能。从 2014 年教育部等七部门出台的《关于推进学习型城市建设的意见》到 2023 年教育部印发《学习型社会建设重点任务》的通知，高质量发展社区教育始终是"学习型社会"和"学习型城市"建设的重要工作；但是，这些文件也并未对什么是"学习型社会"和"学习型城市"锚定一套评价标准。《北京市学习型城市建设行动计划（2021—2025 年）》，上海市人民政府办公厅印发的《关于进一步深化学习型城市建设的意见》等文件对各大城市的"学习型城市"建设同样采取了愿景式的描述。由此可见，社区教育及其能效耦合在每个地区自身的教育体系和公共服务系统之中，这一系统建设的目标是使人们成为"学习型社会"中自觉的学习者。在当前条件下，这更多的是社区教育发展的一种理论指向，而不是清晰的现实路径。因此，这也为社区教育工作者在考察社区教育服务学习型城市建设给出了启示：即"学习型社会""学习型城

---

　　① 张永，马丽华，高志敏，等：《新世纪中国成人教育发展的成就、挑战与路向——基于 UNESCO 学习型城市六大支柱的视角》，《开放教育研究》2013 年第 19 卷第 5 期，第 30~36 页。

市"等概念和要求并不是先在社区教育实践的。教育工作者必须审慎地对待不断发展的理论对社区教育提出的应然要求，辩证看待和参考国内外各城市的"学习型城市"建设标准与经验，从本地区当前的实际情况出发衡量评价社区教育事业发展水平。

二、现实场景中的社区教育学习者

在"学习型社会"的大背景下，现实中的"市民"并不当然就是社区教育中的"学习者"。人们对社区教育的参与程度普遍不高，我国多个地区的居民参与社区教育意愿调查显示，居民参与社区教育的广度和深度都还不充分[①]。理论上，这种"参与"不仅包括居民被动地选择参加由社区教育机构开设的课程，还包括主动地参与社区教育管理活动，包括从微观的班级管理，到中观的课程开发，再到宏观项目拓展，等等。在当前社区教育实践中，主动式"参与"社区教育的居民所占比例极少，而狭义上参加社区教育课程的学习者也并非简单出自其无条件"自觉自发"的学习愿望。不同于基础教育的强制性、义务性，如何调动居民参与是社区教育即是社区教育必须考虑的"理论前提"，也是社区教育实践活动的生命源泉。

社区教育的学习者主要是成人，而成人学习的特征源自于成人的社会性。成人进行包括学习在内的一切活动，其出发点大多是为了更好地适应社会生活和履行社会职责。从学习行为的角度来看，自觉性是社区教育学习者的一大特征，学习者通过自觉的学习行为，获得精神财富，丰富人生意义。在这种特征之下，社区教育学习者的行为还表现出显著的自主性、实用性、经验性、多样性特征。社区教育学习者自我意识显著，能够根据自身需要对自己的学习选择、学习目标、学习过程负责。同时，社区教育学习者在追求学习内容多元化的同时又一致地强调内容导向实用性，希望通过非体系化的学习较为快速地掌握一定的"实操"能力，并且这种学习被期望建立在学习者已有的社会经验之上。无论学习者的职业背景、学力水平，只要学习者能够在社区教育活动中获取满足自我选定的学习内容与方式，并且这种学习的预设成果契合学习者自身设定的标准和价值，居民对社区教育的学习参与就可以维系。简而言之，居民要转换为社区教育的学习者，需要社区教育活动与其目标契合。

---

① 邵晓枫，罗志强：《我国社区教育中居民参与的几个主要问题》，《现代远程教育研究》2017年第2期，第67~68页。

　　"动机"是指引起个体活动并维持已引起的活动，将活动导向一定目标的内驱力。早在 1926 年，终身教育的先驱林德曼就指出了"动机"是成人教育成败的关键。他认为，"当学习满足其经验需求与兴趣时，成人便具备学习的动力，这恰好成了组织成人学习活动的出发点。"① 这一朴素的理论观念启发着后来者继续探究成人学习者的动机结构。1961 年，美国著名成人教育专家霍尔（Houle C. O.）在其著作《探索的头脑》（The Inquiring Mind）一书中率先提出了社区教育学习者的动机分类。他通过对主动参加成人学习的学习者进行了深度访谈，并将其参加活动的动机分为三个导向：目标导向，参与学习主要是为了通过学习实现其他目标，如技能习得、业务推广等；活动导向，学习者的动机主要是源自于参与社会活动的满足，对学习活动及学习内容本身并不十分关心；学习导向，学习者参与的动机集中于学习求知行为本身带来的获得感。② 霍尔的研究比较粗略，接受其深度访谈的样本仅 22 人，没有进一步做出理论界定与实证分析，但这一影响意义重大，带动了系列学者进一步探究，并且形成了"成人参与学习的自我导向理论"。经过对霍尔研究的补充，后续的研究者认为成人自身内在的诉求以及社会的外部需求是成人参与社区教育动机的主要维度。如布谢尔（R. Boshier）多次修订其"成人参与教育量表"，对不同类别的成人学习者进行精细的刻画。其中对社区教育工作者具有突出启发性的研究是，他于 1978 年对加拿大温哥华 60 岁以上的老年学习者进行了专题研究。它将原有《成人参与教育量表》中的学历补偿教育和职业教育内容剔除，用 35 个项目指标得出老年人参与教育的四个动机取向，包括逃避或刺激（打发生活的枯燥无聊）、认知兴趣、社交接触和社会服务③。虽然这一研究同样缺乏效度验证，但为其后的社区教育实践给出了可资借鉴的参考。直到现在，社区教育工作者无论是开设课程还是调查社区居民的参与意愿，仍然以上述主题为设计基础。其中的重要启示是，社区教育的举办，无论居民是否转换为社区教育的学习者并持续参加社区教育的学习活动，在相当程度上取决于居民个人的主观意志。

　　从社会学意义上来看，每一位社区居民的生活背景、受教育情况、经济状况及所处的社会阶层等各不相同；从个人心理情况来看，每位社区居民的人格特质和情绪状态千差万别，这导致居民个人对社区教育服务的评判千差万别，

---

　　① 何光全，林德曼：《美国成人教育先驱和精神之父》，2019 年第 6 期，第 73~79 页。
　　② 朱燕菲，纪河：《成人学习者的类型与学习成效：基于学习动机和学习障碍的探究》，中国远程教育，2020 年第 12 期，第 18~27 页。
　　③ 夏海鹰：《成人学习心理研究》，人民出版社，2014 年版，第 140~141 页。

并且衡量的维度至少分为两个层次。一是对社区教育服务本身的评价。同样的
教师，同样的课程，同样的活动在不同居民群体之中的评价并不一致。例如，
在农村地区组织居民学习声乐歌舞普遍受到群众的欢迎，也是调动农村地区居
民参与学习活动的重要方式；而受教育水平程度较高的社区居民则可能觉得内
容太过肤浅而不欢迎。同样的，农村社区居民较难接受付费参加社区教育课程
学习；而这在城市区域已经成为居民的一种常见消费行为。二是对社区教育服
务衍生价值的评判。在教育本意之外，社区教育以学习为载体为居民建构参与
社区生活和丰富人际交往的平台。无论居民是否愿意，只要参与社区教育就难
免要和社会的各个方面发生交往。而居民群体对于社区教育的延伸特质有着不
同的评价。一些居民渴望社区教育提供交往和展示平台，甚至将其作为参与
"学习"的主要目标；而又有一部分学习者将"学习"以外的社会交往视为负
担。居民对社区教育"教育本位"或"社会本位"的评判在社会伦理意义之下
并无对错之分，但却实实在在地影响着每位社区居民是否持续参加社区教育的
真实行动。

　　已有不少学者试图从模型建构的角度来解析上述现实，例如前文已经提到
的布谢尔。他提出这样一个假设：社区教育参与者与教育环境之间的一致性将
决定其是否参与及参与持久性的程度。当居民的个人学习需要、兴趣愿望与社
会环境之间达成良好一致时，个人与社会环境都能够获得某种程度的满足。[1]
他进一步将社区成人学习者的动机分为"成长型"和"匮乏型"。"成长型"的
学习参与动机来自自身内部，是为了自我实现而非应付；而动机"匮乏型"动
机来自个人与社会环境的不一致带来的不平衡，而这种不一致有多方面，包括
自我与内在的超我不一致，与其他学习者、教师、学习环境的不一致等。不一
致的因素叠加越多，社区成人学习者越有可能放弃学习或者中途辍学。布谢尔
进一步指出，中等阶层的居民容易在社区教育中获得满足，这是因为教育机构
通常以中等阶层居民的生活情境为模板提供教育服务，这类居民与社区教育的
外在环境不一致性最小。

　　与布谢尔类似的，达肯沃尔德（Darkenwald G. G）和梅里安（Merriam
S. B）提出了成人参与教育动机的心理－社会互动模型。[2] 他们认为影响成人
是否或能否持续参加成人教育活动是一系列相互关联变量作用的结果：个体在

---

　　[1] Educational Participation and Dropout: A Theoretical Model, *Adult Education Quarterly*, 1973, 23 (4), p. 255—282.

　　[2] *Darkenwald G. G, Merriam S. B. Adult Education: Foundations of Practice*, 1982: 62—64.

成年之前的自身特质、家庭特征、受教育和社会化状况形成了个人前成人期的生活因素。这一因素与成人当前的社会经济地位、学习压力、对成人教育和社区教育的价值评价、参与学习的准备、学习刺激、参与障碍等形成反馈系统，输出成人参与教育活动可能性的强弱信号。这一模型和前述的一致性模型构建都比较简略，缺乏强有力的实证支撑，但着重突出了社会因素，尤其是社会经济因素对于成人参与学习活动动机的重要影响。正如梅里安强调，其模型只是反映客观现实，不是人们所期待的理想形态。[①] 我国开展的成人教育参与动机，特别是社区教育参与者动机系统研究还不多，这与我国社区教育参与者本身的复杂性分不开。由于我国区域与区域之间，同一个地区的城乡之间存在着显著的发展不均，因此开展社区教育参与者动机研究的实施难度很高，并且难以得出具有普遍意义的结论。然而由外国学者对成人学习者参与动机的大致"画像"，却对当下的社区教育实践有启发。

虽然社区教育服务的范畴绝非局限于课程和课堂，但是社区教育的价值本位还是教育。而社区教育的参与者参与社区教育的动机却不止于"教育"，社区教育工作者应当以教育为本激活和评价居民参与社区教育学习行为。

在激活学习者动机方面，社区教育工作者应当从教育本位出发，帮助学习者设计可企及的学习目标，提供教育情景和教育反馈，营造合作的学习氛围，使学习者从教育活动本身获取成就感。加强数字化、智慧化手段的应用，不仅是扩大在线学习资源的供给，在有条件的地区还要通过数字平台和数据处理手段捕获学习者的动态学习诉求，将一些较为碎片化又相对小众的教育需求加以收集整理，待条件成熟后再推出相应的课程或项目，将"长尾理论"在社区教育中转化实现。同时，社区教育工作者也要清醒地认识到社区教育活动的影响力限度，不要单一地、盲目地以办活动来吸引居民的注意力。通过教育活动吸引来的居民不一定具备参与学习的动机，依托持续开展活动吸引的关注不一定能转化为对教育的参与。在重视通过活动与情景给予学习者刺激和成就感的同时，也应当看到，社会参与也仅是居民参加社区教育的一项动因，并且不是教育本身内涵发展的主要方面；而社会经济因素的范畴广，单纯依靠学习中的活动产生的比重很小。因此，吸引和稳固居民的参与应该重视从"成长型"动机出发，聚焦学习本身的品质；而社会位面的气氛营造作为社区教育服务的价值衍生，不应当占据大量的公共资源。

---

① *Merriam S B*，*Caffarella R S*，*Baumgartner L M*. *Learning in adulthood*：*a comprehensive guide*，*Journal of Higher Education*，2011，10（1），p. 168—170.

在评价社区教育服务能力方面，政府、社区教育工作者都应当充分意识到居民参与学习动机成分中个人生存背景及其社会经济条件局限。在当前的社区教育评价实践工作中，除了以"学习型社会""学习型城市"为评价标准来衡量社区教育的服务能力，也有以"学习型组织""学习型社区"等名义开展的相关评价和监测活动。这些评价主题尽管字面上都带有"学习"二字，但是其深层旨趣却不尽相同。"学习型社会""学习型城市"是以"学习"活动和行为为核心将人人视为现实的或者可能的学习者，它们和终身教育、终身学习的理念构成融贯的教育学说体系，是以"人"的全面发展为核心。而"学习型组织"本质上是一个管理学范畴的概念，它是从"组织"角度对知识经济时代的工商企业提出从个体成员到企业行为文化提出的战略要求，以增强企业的竞争力为目标。[1]"学习型社区"则是一个新型概念，其散落出现在学术文献之中不过是进入 21 世纪以来的事情，并且尚没有一个公认的权威文献说明"学习型社区"到底是什么。而从实践角度来看，特别是从社区教育评价的现实操作来看，"学习型社区"试图表明社区成员在通过学习的自我发展为所属社区的发展建设带来的表征和贡献，是一个颇具行政实践意义的词汇。实际上，脱离学术语境，在基层社区教育评价实践中，无论是评价主题词是"学习型城市""学习型组织"还是"学习型社区"，大多都具有观察本区域居民有多大比例参与了社区教育，其满意度如何的行政性衡量意味。

这种评价对于推动实际工作是必要的，但是其评价结果的科学性、可参考性值得政府和社区教育工作者深思。以一个相对极端的评估情况为引：在一地某次"学习型社区"创建评估中，在一个开展丰富多元学习活动的社区调查中居民对社区教育的满意度为 90.1%，远低于某一个仅零星开展唱歌跳舞类学习活动的社区测评结果。该社区居民对本区域社区教育服务的满意度高达 98.4%，而两地常住居民参与社区教育的百分比基本相同。上述结果能够直接说明后一个社区比前一个社区更加具备"学习型"的特征，当地的社区教育工作开展得更好吗？答案显而易见。由于居民或实际参与社区教育的学习者的个体认知不同，"满意"与否并不是一个客观的、标准化的尺度。在这一案例中，整体发展水平较低的社区，其居民对较为单一的教育活动感到满意；而发展水平更高的、社区教育开展更充分的社区，其居民对于社区教育活动提出了更高的要求，出现了社区教育的居民满意度"倒挂"现象。这充分说明，社区教育

---

① 彼得·圣吉：《第五项修炼：学习型组织的艺术与实践》，张成林，译，中信出版社，2009 年版，第 12~13 页。

服务能力评价的应用范畴不得不考虑评价前提的主观因素。

正如德国哲学家雅斯贝尔斯所说："真正的教育是用一棵树去摇动另一棵树，用一朵云去推动另一朵云，用一个灵魂去唤醒另一个灵魂。"教育始终围绕着人的行为和态度，对于社区教育能效的评价，无论是以其服务对象的感受来考察，还是以实施者的行为为衡量依据，都涉及以动机等主观意志做潜在的前提。于是，在回答社区教育是否做得"好"这个问题上，任何数量化的考察指标都可以得出"仁者见仁，智者见智"的结论。因此，社区教育工作者对于社区教育的评价也应当冷静地对待各类与"学习型"有关的行政评价，审慎地把握相对性数据所表述的结论，从具体社区的实际出发对学习者的态度行为进行全面而深刻的画像，并从教育的角度对学习者给予切实的帮助，方才是社区学习氛围有效营造的现实路径。

参考文献

Claus Offe，Governance：An "Empty Signifier" ［J］. *Constellations*，2010，16（4）：550－562.

Merriam S B. How adult life transitions foster learning and development ［J］. *New Directions for Adult and Continuing Education*，2005（108）：3－13.

S. 拉塞克，G. 维迪努. 从现在到 2000 年教育内容发展的全球展望 ［M］. 马胜利，等译. 北京：教育科学出版社，1996.

艾兴. 成人教育的课程理论 ［M］. 北京：人民出版社，2014.

保罗·朗格让. 终身教育导论 ［M］. 滕星，等译. 北京：华夏出版社，1988.

陈亚军. 实用主义：从皮尔士到布兰顿 ［M］. 南京：江苏人民出版社，2020.

单中惠. 西方教育思想史 ［M］. 中国人民大学出版社，2017.

龚向和. 教育法法典化进程中的终身学习权保障研究 ［J］. 国家教育行政学院学报，2022（1）：22－32.

胡乐乐，肖川. 再论课程的定义与内涵：从词源考古到现代释义 ［J］. 教育学报，2009，5（001）：49－59.

联合国教科文组织国际教育发展委员会. 学会生存：教育世界的今天和明天 ［M］. 北京：教育科学出版社，1996.

联合国教科文组织总部中文科. 教育——财富蕴藏其中 ［M］. 北京：教育科学出版社，1996.

陆有铨. 躁动的百年：二十世纪的教育历程 ［M］. 济南：山东教育出版社，1997.

欧阳忠明，王江雁，王燕子. 从受教育权到终身受教育权：基于 UNESCO 教育理念变迁的梳理 ［J］. 现代远程教育研究，2023，35（2）：11－22.

乔治·瑞泽尔. 古典社会学理论 ［M］. 王建民译. 北京：世界图书出版公司北京公司，2014.

邵晓枫. 现代社区教育治理体系的内涵探索 ［J］. 终身教育研究，2018，29（5）：63－70.

孙霄兵. 受教育权法理学：一种历史哲学的范式 ［M］. 北京：教育科学出版社，2003.

唐爱民. 终身德育：一种教育哲学的思考 ［J］. 成人教育，2005（1）：6－9.

王浦劬，臧雷振. 治理理论与实践：经典议题研究新解 ［M］. 北京：中央编译出版社，2017.

王正平. 教育伦理学 ［M］. 北京：人民教育出版社，2019.

威廉·F. 劳黑德. 哲学的历程 ［M］. 郭立东，丁三东，译. 北京：中国轻工业出版社，2017.

吴康宁. 课堂教学社会学 ［M］. 南京：南京师范大学出版社，1999.

吴遵民. 现代终身教育体系论 ［M］. 上海：上海人民出版社，2021.

杨明全. 当代西方谱系学视野下的课程概念：话语分析与比较 ［J］. 比较教育研究，2012，34（3）：62－66.

伊里亚斯，梅里安. 成人教育的哲学基础 ［M］. 高志敏，译. 北京：职工教育出版社，1990.

张步峰. 兼具社会权与自由权性质的受教育权 ［J］. 北京行政学院学报，2009（5）：80－83.

张恒册. 权力本能自由本益禁侵与公意自由 ［J］. 行政法学研究，2023（5）：3－25.

张建伟，孙燕青. 建构性学习：学习科学的整合探索 ［M］. 上海：上海教育出版社，2005.

张永. 社区教育：回到源头的思考 ［J］. 中国成人教育，2013（9）：5.

张永. 社区教育内涵发展论 ［M］. 上海：上海教育出版社，2018.

张永. 西方现代社区教育理念及其启示 ［J］. 全球教育展望，2011，40（12）：25－30.

赵林. 神旨的感召：西方文化的传统与演进 ［M］. 武汉：武汉大学出版社，1993.

朱敏. 对终身学习政策的批判与反思 ［J］. 教育发展研究，2007：38－40.

后　记

本书的写作灵感始于同行之间的问题探讨：为什么社区教育服务往往存在着教育工作者认为的"应有之义"与学习者视野的"自由选择"间的矛盾？从这一主线出发，终身教育、社区教育、教育者、学习者、课程等概念范畴都不再是一个简单的定义，而是展开了日常语境下以"唱唱跳跳"为主的成人非正规教育背后的庞大而丰富的思想线索梳理。

相较于给出多少条目的确定结论，本书的价值更多的是发掘了一些日常社区教育中可能并不被视作"问题"的问题。从具体内容来看，本书讨论的诸多内容不外乎是为普遍与特殊、具体与抽象、感性与理性这几组在理论和历史上已经被充分探讨的概念，又增加了一点个人视角下的社区教育现实注脚。但是从个人意义来看，本书的写作为本人带来很多独特的体验。

社区教育是社会性的大教育，这一结论在思考和写作的过程中又得到了新的证成：如何面对学习者需求的多样性始终是社区教育的核心关切。而不特定的学习者的多元化学习诉求就是社会万花筒的一个维度。他们这些朴素的期待和美好的向往总是不断地证明终身学习正在成为现代社会人们的一种生活方式。从这层意义上来说，社区教育的最大价值不是能够提供出一套对不同类型的群体的体系化系统性的学习方案，也不在于提炼出一套统摄各类非正规教育实践的理论范式，而在于能够真切回应人们通过学习方式对美好生活的向往和寄托。

从社区教育工作者的实践视野观察，以有限的资源和精力去服务不特定者的变化及其无限的学习诉求似乎是社区教育的不可解之局；从理解终身学习的旨趣链路窥探，以目前特定学科的概念观点去诠释社区教育的现象意义似乎都没有意义。那么，如何把握社区教育理论与现实之中的各种矛盾，并且使社区教育工作者或者研究对象都能够"自持""自洽"，这便是笔者在这项工作和事业中的获得感。而使用超越的眼光，保持平和的心境来对待不同维度世界的"难题"则是写作本书过程中笔者感受到的最大启发。

　　最后，我要衷心感谢鼓励我写作并乐于分享各类观点的师长和亲友，为本书出版不遗余力反复修改的四川大学出版社的编辑老师。当然，我的家人给予了我最大的关心和支持，在此也深表谢意！

邹　恒

2024 年 6 月　于成都